神守傳統與道教起源

吳 銳 著

東大圖書公司

國家圖書館出版品預行編目資料

神守傳統與道教起源 / 吳銳著. －－初版一刷. －－臺
北市：東大，2008
　　面；　　公分. －－(宗教文庫)

　ISBN 978-957-19-2909-5　(平裝)

　1.原始宗教 2.道教 3.中國

215.82　　　　　　　　　　　　　　　97014058

ⓒ　神守傳統與道教起源

著 作 人	吳　銳
責任編輯	蔡宜珍
美術設計	黃顯喬
發 行 人	劉仲文
著作財產權人	東大圖書股份有限公司
發 行 所	東大圖書股份有限公司
	地址　臺北市復興北路386號
	電話　(02)25006600
	郵撥帳號　0107175-0
門 市 部	(復北店)臺北市復興北路386號
	(重南店)臺北市重慶南路一段61號
出版日期	初版一刷　2008年9月
編　　號	E 230060

行政院新聞局登記證局版臺業字第○一九七號

有著作權‧不准侵害

ISBN　978-957-19-2909-5　(平裝)

自 序

　　早在七千年前，中國先民就在陶器上彩繪「蒙面人」紋飾，在我看來其寓意是「天」，因為當時沒有文字，只好用紋飾表示，好比是嬰兒的咿啞學語，腦子裏的精神世界說不出來，只好形諸紋飾。中國新石器時代居民的人均壽命估計在二十多歲，他們在現實空間飽受艱辛，可是他們的精神空間充滿虔誠和敬畏。按照中國學術界主流的看法，商朝（西元前 1523—前 1027 年）先有「帝」的觀念，西周（西元前 1027—前 771 年）才有「天」的觀念，本人多年來一以貫之地反對這種說法。東漢許慎《說文解字》對「天」字的解釋是「顛也」，也就是頭頂，因而有至高無上之意。頭頂以上的是天，古人的這一認識可以說非常合理。春秋時代（西元前 771 — 前 476 年）的人愛用「履后土而戴皇天」強調鄭重其事，頭上是皇天，腳下是后土。商周甲骨文和青銅器銘文上都有「天」字，就是刻鑄一個人的站立形象（ꝏ）；又屢見「上下」，其實就是指天地。「上」是神的住所，「下」是人的住所；「上」是精神空間，「下」是現實空間。當猿人製作第一塊石器時，我們可以說他創造了「文明」，這是物質文明。他生存的空間，

我們可以稱為「現實空間」。人類的天性是不滿足於現實空間，而是力圖構築精神空間。如果猿人只滿足於吃飽喝足，那與動物何異？人號稱萬物之靈，我以為應當指具有創造精神空間的能力，可以作為區分人類和動物的標誌之一，應當給予高度評價。

那麼，信神而產生「神守」這種宗教社會實體也就不奇怪了，古代的部落首領也可以被稱作「神」。這些「神乎其神」的首領本來就是從巫師演變而來的。要成為一名巫師很不容易，需要很多方面的特異功能。《國語·楚語下》：「民之精爽不攜貳者，而又能齊肅衷正，其智能上下比義，其聖能光遠宣朗，其明能光照之，其聰能聽澈之，如是則明神降之，在男曰覡，在女曰巫。」正因為巫覡充當民神之間的仲介，因此得到重要的委任。英國人類學家弗雷澤（Frazer，1854-1941）指出，在巫術盛行時期，巫師作為最早的專業集團，作用和地位逐漸加強。為個人服務的個體巫術日趨削弱，晚起的致力於集團利益的公眾巫術越來越具有更大的影響。一旦一個特殊的巫師階層已經從社會中被分離出來並被委以安邦治國的重任之後，這些人便獲得日益增多的財富和權勢直到他們的領袖們脫穎而出，發展成為神聖的國王，他們同時也是宗教活動中的祭司❶。因此，中國遠古的首領總是能與上天溝

---

❶　參見：弗雷澤，《金枝》上冊，中國民間文藝出版社，1987年，第93-95頁。

通。如《尚書·堯典》一開始就讚揚帝堯「光被四表，格於上下」的不同凡響。這裏的「上下」應指天地。堯作為聖王，固負有溝通天地的任務。帝堯去世之後，舜繼位，他任命夔掌管音樂，「八音克諧，無相奪倫，神人以和」。能處理好上下（神人）關係的，只能是聖人。堯舜就是這樣的聖人，因此堯舜時代被後世奉為黃金時代、大同社會。孔子是祖述堯舜的，因此被後世奉為萬世師表。

　　隨著農業的發展，社會組織的日益複雜，到了夏代（西元前1994—前1523年），從宗教社會實體分化出王權國家。宋代學者如鄭樵、馬端臨從「天事」（宗教）、「民事」的角度區分夏代前後的歷史，真正抓住了問題的本質。本人在一系列論著❷中指出，如果我們以國家(state)的誕生作為進入文明(civilization)時代的標誌，那麼，在進入國家之前，中國、日本和朝鮮半島都獨立存在過類似梵蒂岡式的宗教社會實體，用中國古典術語，可概括為「神守」，其文化傳統甚至可以追溯到仰韶文化（西元前5000—前3000年）；後來從梵蒂岡式的宗教社會實體分化出義大利式的王權國家，用中國古典術語，可概括為「社稷守」。直到1896年，日本泊園書院

---

❷　參見：《神守、社稷守考》，日本「中國出土資料研究會」主辦《中國出土資料研究》創刊號，1997年；《從神守社稷守的分化看黃帝開創五千年文明史說》，吳銳等編《古史考》第八卷，海口：海南出版社，2003年。

山長藤澤南嶽 (1842–1920) 還在提倡「祭政一致」、「神守一
體」。在文明的初始階段，對「神」的信仰起到了很大的維繫
作用。

　　商周二朝已經是王權國家，王權高於神權。但人們常在
自己的族名前冠以「天」字，可見對天的敬畏。可是，開國
之君成湯的大臣伊尹「格於皇天」，太戊時的大臣伊陟、臣扈
「格於上帝」。有了他們的輔佐，「故殷禮陟配天，多歷年所。」❸
「格於上帝」，文法上與堯「格於上下」相同。西周早期青銅
器《令彝》，銘文出現「明保」，大部分學者認為是周公的兒
子，只有楊向奎先生認為是周公，本人同意楊先生的解釋，
進而認為西周存在大祭司和國王兩套權力系統，類似當今的
伊朗。周公可能是成王朝的大祭司，故稱「明保」，「明保」
等於說神保、靈保、天保、聖保。大祭司由於握有重權，故
能在非常時期攝政當國，周公是也。秦漢以降，王權獨大，
大祭司銷聲匿跡，不可能再形成一種制約王權的勢力。可是
漢代的大臣、尤其是丞相負有「調和陰陽」的重任，一旦陰
陽不調，出現災異，必然拿丞相開刀，或被免職，或被處死，
或被暗示自裁。這可以看作是商周兩套權力系統遺留的蛛絲
馬跡。這是中國內地的情況。由於地區發展的不平衡性，神
守傳統濃厚的則發展為政教合一的政權，例如在第十四世達
賴喇嘛1959年流亡印度之前，西藏還是政教合一，達賴喇嘛

---

❸　《尚書·君奭》。

既是宗教領袖也是行政領袖。可資比較的是，當今的伊朗也是政教合一，宗教領袖的權力大大高於總統。另外，在所有社會主義國家，也是兩套權力系統：黨政不分，黨高於政。

以上是宗教產生的歷程。生活在現實空間的人不滿足於現實空間，而是另外構想精神空間，必然產生宗教。作為中國土生土長的宗教，道教直接延續了仰韶文化以來的神守傳統，至遲在東漢初年（西元 41 年之前）就形成了。這就是本書闡述的中心內容。道教的文化傳統當然不只仰韶文化。我認為中國在新石器時代已經形成了六個精神文明中心：

第一個當然是仰韶文化，以渭水流域為核心，以魚為圖騰，發展為夏、周兩個朝代。周族發祥於渭水流域之岐山，隨著向東方擴張的進程，以今天的洛陽為「土中」（天地的中心），洛陽成為華夏族的聖城。

第二個是岷江流域，也就是 2008 年 5 月 12 日汶川大地震一帶，先民以崑崙為宇宙的中心，與「中國」有著截然不同的宇宙觀，崑崙可能就是岷山的主峰。

第三個是以山東泰山為中心的大汶口文化，它的主人我認為是《尚書·禹貢》中的冀州鳥夷族。

第四個是內蒙古、遼寧等地的紅山文化，深受仰韶文化的影響，「女神廟」等遺跡遺物引人矚目。

第五個是湖北省天門市的石家河文化，出現類似後世「太極圖」的紋飾，可能與三苗族有關。

第六個是以太湖為中心的良渚文化，採用類似「微雕」的技術在玉器上刻劃神秘紋飾，考古學者稱為「神徽」，我認為是表現鳥圖騰。良渚文化的主人我認為是《尚書·禹貢》中的揚州鳥夷族。

這六個精神文明中心形成的時候，中國還處在無文字時期，但文化傳統沒有斷絕，其中一些成分被道教吸收。例如古人相信人死之後魂歸泰山，道教對這種信仰因勢利導，稱泰山神為「泰山君」、「泰山府君」。

漢武帝結束了祭祀和王權兩套權力系統，可是獨尊儒術的結果，讓「道統」說坐大。儒家經典《禮記·中庸》說「仲尼祖述堯、舜，憲章文、武」，這已經有隱括道統之意。西漢末年讖緯盛行，把孔子塑造為有德無位的「素王」。「素」是空的意思，「素王」即精神領袖，也即儒家的教主。於是古老的祭祀和王權兩套權力系統演變為「治統」（王權）和「道統」兩套權力系統，皇帝和儒家既互相利用，同時也存在緊張性，二者的消長起伏一直伴隨到清朝。1949年之後，儒家受到激烈批判，儒家道統被代之以馬（馬克思）、恩（恩格斯）、列（列寧）、史（史達林）、毛（毛澤東）的紅色道統。而宗教被宣布為麻醉人民的鴉片，「治統」和「道統」的緊張性得到了根本解決。

1990年10月，我第一次給楊向奎先生寫信請教神守問題，遂訂忘年之交。從1994年開始給先生當助手，直到先生

2000 年歸道山。1933 年到 1934 年，楊先生尚在北京大學史學系讀書，奉他的老師顧頡剛之命合寫《三皇考》，翻完了一部《道藏》。1996 年，先生提出自然空間、理性空間兩種「人生境界論」，極具方法論意義。後來我執行編輯《古史考》，第八卷就叫《神守社稷守》。承蒙三民書局約稿，我當時忙於編輯《古史考》九卷、修訂《古史辨》七冊，耽誤了交稿，自己又極不擅長寫通俗作品，勉為其難地寫成這樣一本小冊子，非常感謝三民書局的耐心等候和編輯的細緻加工。

神守傳統與道教起源

第一章

神秘主義：石器時代偉大的精神創造

當猿人製作第一塊石器時，我們可以說他創造了「文明」，這是物質文明。他生存的空間，我們可以稱為「現實空間」。人類的天性是不滿足於現實空間，而力圖構築精神空間。如果猿人只滿足於吃飽喝足，那與動物何異？人號稱萬物之靈，我看應當指具有創造精神空間的能力。一切神秘主義以及隨後的宗教是先民不滿足於生活的現實空間，試圖探索精神空間的一項創造，可以作為區分人類和動物的標誌之一。

　　道教是中國土生土長的宗教，關於它的起源，當然只能從產生它的土地上著眼。一般來說，「土生土長」是指：由中國人創立並在中國這個地域發展壯大。本書在這一理解之外，再強調一層道教的「土生土長」，即思想的繼承，這需要從「神守」說起。站在前賢的肩膀上，我嘗試在本書提出一個新見解：中國上古長期存在一種類似今天梵蒂岡那樣的純宗教實體──神守，即使在夏代及其以後出現了王權國家，但是還沒有跨入國家門檻的神守仍比比皆是，神守傳統不曾中斷。春秋戰國諸子百家的思想高峰容易掩蓋這種神守傳統，而隨著秦漢專制主義統治的強化，思想領域出現退潮，神守傳統反而很容易看清。道教的真正起源就是這種神守傳統，而神守傳統最早可以追溯到七千年前的仰韶文化。

　　當猿人製作第一塊石器時，我們可以說他創造了「文明」，這是物質文明。他生存的空間，我們可以稱為「現實空間」。人類的天性是不滿足於現實空間，而力圖構築精神空間。這種精神空間可以是藝術的，如法國舊石器時代洞穴裏的繪畫；也可以是虛幻的，最明顯的是宗教。如果猿人只滿足於吃飽喝足，那與動物何異？人號稱萬物之靈，我看應當指具有創造精神空間的能力。一切神秘主義以及隨後的宗教是先民不滿足於生活的現實空間，試圖探索精神空間的一項創造，可以作為區分人類和動物的標誌之一。

　　而且科學的萌芽，神秘主義也是先導。可以設想，在遠古時代，人們控制自然的能力還十分微弱，時時面臨著生存

的危機，人們為了獲得食物或者為了消除疾病，發明了五花八門的神秘主義，求得對個人的好處；當群體逐步壯大，有些事情，比如祈求良好的天氣以保證作物豐收，變成了大家共同的事務，就有必要以專門的巫師來處理，而不必人人都來施行相同的神秘主義。在中國傳統文獻裏，一致把遠古的巫師記作頂尖的智識階層，他們不是騙子。英國人類學家弗雷澤 (J. G. Frazer, 1854–1941) 認為不可忽視迷信的作用，他甘願充當魔鬼的律師，為迷信辯護。他認為迷信有下列作用：

第一，在某些特定的部族和特定的時間內，迷信加強了人們對統治機構，特別是君主政體政府的尊重，從而大有助於社會秩序的建立和延續。

第二，在某些特定的部族和特定的時期內，迷信加強了人們對私有財產的尊重，從而大有助於建立財產占有的保障。

第三，在某些特定的部族和特定的時期內，迷信加強了人們對婚姻的尊重，從而大有助於在已婚和未婚中建立更為嚴格的兩性道德規範。

第四，在某些特定的部族和特定的時期內，迷信加強了人們對生命的尊重，從而大有助於建立人身安全保障❶。

從歷史的角度看，人類文明大致是由採集狩獵文明到農業文明再到工業文明發展，我們一定能說這是一條必經之路嗎？實際未必。對於有的人來說，假如樹上有足夠的果實供

❶ 參見：弗雷澤，《魔鬼的律師》，北京：東方出版社，1988 年，第 2 頁。

我採集，何必去開發農業？人作為社會中的人，由舊石器時代分散的團隊 (band) 發展到新石器時代的酋邦 (chiefdom)、氏族 (tribe)，由等級社會（分層社會）孕育出國家 (state)，社會實體的結構由簡單到複雜。現實空間與精神空間交叉雜揉。精神生活的日益豐富，給超現實的空間增添了無窮的神秘色彩。最初，人們想像人類社會以外的宇宙也像人類社會一樣有「宇宙員警」維護秩序，「宇宙員警」都受上帝的操縱。要解決現實的問題，向上帝求助被認為是很自然的事情。以後社會的進步，也不是以削弱上帝的影響為惟一尺度。

　　雖然中國的舊石器時代有一二百萬年的歷史，精神空間還很稀薄。按人類發展的通例，以農業為標誌的新石器時代大約開始於距今一萬年前。就中國而論，距今七千到五千年之間的仰韶時代，農業文明初具規模。緊接著的龍山時代（距今五千到四千年），已經是產生國家的前夜。從仰韶時代到龍山時代三千年間，正是梵蒂岡式的神守組織出現和發展的時期。

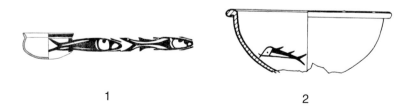

1   2

圖 1　　陝西漢水流域仰韶文化魚紋

1

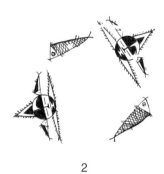

2

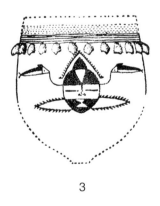

3

圖 2　陝西渭水流域仰韶文
化魚紋

大陸考古學家對仰韶文化的研究可以說達到了爐火純青的境界。仰韶文化彩陶上精美絕倫的魚紋早已馳名中外，大部分是寫實的。（圖 1）

美中不足的是對諸如圖 2 中的紋飾沒有提出滿意的解釋。我認為這是一種神秘人面和魚紋的組合，表達的是一種「神魚」或者「天魚」觀念，因為當時沒有文字，只好用這種圖畫來表示。到了有文字的時代，就好辦了，例如《甲骨文合集》第 21470 片出現沒有釋讀的字（圖 3-1 之右），我認為這是「天魚」二字的合文（上下組合），也就是說，仰韶文化人面魚紋的人面到了有文字的時代，固定為「天」字，字形還是人站立之形，仰韶文化的魚紋到了有文字的時代，固定為「魚」字，可圖示如圖 3-1。甚至到了商周青銅器上，「魚」字經常用象形表示（圖 3-3）。

甲骨文中的「天魚」並非孤例，

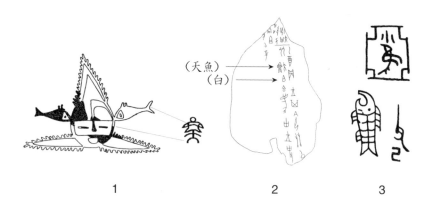

（天魚）
（白）

1   2   3

圖3　甲骨文「天魚」的釋讀以及與金文的對比

《南明》四七二著錄的一片甲骨（圖3-2），「白」字（通「伯」）
前的那個字，我認為是「天魚」二字的合文（左右組合），「白」
是方伯，即一方之長，「天魚白」正像周文王在商朝被稱為「西
伯」一樣。

　　接下來要介紹的是陝西南部、漢水流域的龍崗寺和何家
灣兩個仰韶文化遺址，獨特的「蒙面人」紋飾有待解讀。龍
崗寺出土的尖底罐（圖4），器身高大，內壁光整，器表抹光
後施以黑色彩繪。口沿下畫有三條平行線，再下繪六個大小
相等並列的圓形人面，人面直徑 10.4cm。人面面部情態有兩
種：第一種人面似閉目沉思狀，眼睛和鼻子均用短直線表示，
口呈方形，其構圖是將圓的三分之一上部全部塗黑，再將圓
的三分之一下部塗黑後又空出方形嘴巴，然後在圓的三分之
一中部空白處畫出鼻子和眼睛；第二種人面的情態作雙目圓

睜狀，鼻子略呈倒三角尖形，嘴為扁圓形，構圖方法與第一種人面近似。這兩種人面分別作橫向相間排列。間距勻稱，人面之間填充有上、下頂角相對的三角紋。在上述六個人面的下部又畫有三條平行線，線紋之下又畫出六個並列的人面紋，其情態分別與上部的兩種人面相同。人面之間亦填充有對頂三角紋。兩層共計十二個人面。上部的第一種人面與下部第二種人面上下垂直相對，上部的第二種人面與下部的第一種人面上下垂直相對，在下層人面之下畫有一周橫線，橫線下並畫有五個橫向排列的花瓣狀圖形。這件尖底罐上的畫面構圖對稱和諧，人面形象對比強烈。它是一件精湛的原始繪畫作品，充分顯示了先民們初步發展的圖案知識以及藝術創作才能❷。

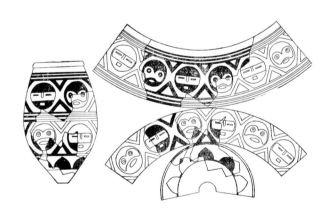

圖 4　龍崗寺尖底陶罐花紋展開示意圖 (H23:1)
（＊ H 是大陸考古界對灰坑的標記，取「灰」的拼音首字母）

❷　參見：陝西省考古研究所，《龍崗寺——新石器時代遺址發掘報告》，

龍崗寺出土大頭壺三件。其中，一件素面抹光，二件有彩繪。其中一件標本（圖5-1），通體抹光後施以黑色彩繪。壺頂面中部繪有六道平行條紋，在外側的兩道條紋中部各繪一個小三角紋，頂面以下至頸以上，全部繪黑彩。頸部繪有一周細條紋。肩部以陶器的紅色作為底色，以黑彩繪出兩個相對稱的獸面紋。獸面呈扁圓形，兩隻對稱的小圓眼睛，兩眼之間黑彩空白處為一長鼻，無嘴。兩個獸面之間附以基本對稱的弧線紋。上腹繪一條黑彩帶紋。另一件標本（圖5-2），器形及彩繪圖案與圖5-1基本相同，但器身較瘦高，細頸，下腹弧收小平底。壺頂面繪有二道平行條紋，條紋的兩側又各繪一相對稱的長三角紋。頂面以下至頸以上全繪黑彩。上腹繪有三個間距相等的獸面紋。

龍崗寺同時出土有人面壺，壺頭呈人面形，又有獸頭形壺，則上述大頭壺上的獸面紋應當與現實生活中普通的人面、獸面有別，是富有神秘性的。龍崗寺大頭壺也給人以似曾相識之感，比龍崗寺早兩年出版的《陝西臨潼姜寨報告》著錄一件細頸陶壺，口似花苞，唇面繪三角、直線組合的圖案，腹部由圓、橢圓、月牙、波浪、三角、直線等組成的彩繪圖案，發掘者認為「形似上下兩個豬面，很可能是一種面具形象」（圖5-3）。對照龍崗寺大頭壺，姜寨的「豬面」還是以解釋為神秘的人面為宜。姜寨出土大量葫蘆形陶瓶，其中一件「口和腹部全飾黑彩，腹周飾黑彩變形人面四組。每組繪

北京：文物出版社，1990年，第34-35頁。

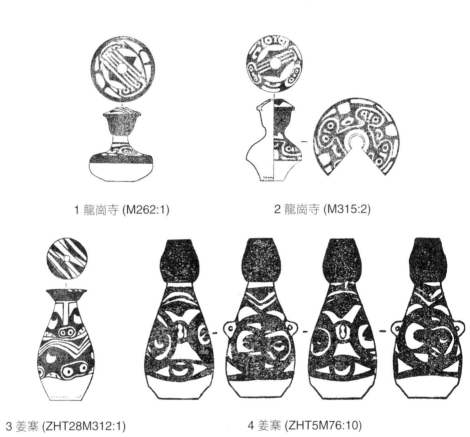

1 龍崗寺 (M262:1)

2 龍崗寺 (M315:2)

3 姜寨 (ZHT28M312:1)

4 姜寨 (ZHT5M76:10)

圖 5　陝西仰韶文化神秘紋飾陶器
（＊ M 是大陸考古界對墓葬的標記，取「墓」字的拼音首字母）

一圓形人面，眼、眉、鼻、嘴俱全。」同時，原報告又稱此種紋飾為「鳥魚紋」（圖 5-4），不得其解。從畫面上觀察，應當是神秘的人面紋。

陝西西南何家灣出土的一件彩陶盆，相當仰韶文化半坡類型晚期，上面的紋飾，發掘者稱為「人面紋」，直口，寬平沿，尖唇。沿面飾有黑彩三角紋，器內壁繪有四個對稱的人面紋。人面皆呈圓形，圓眼，眼周圍露白，扁圓形小口，頭頂有「∧」狀飾物，耳部有齒狀環飾（圖 6-1）。還有一片陶片上殘存一個這種紋飾（圖 6-2）。

頭頂的「∧」形裝飾物、耳部的齒狀環飾，結合陝西寶雞北首嶺遺址分析，我認為是表示魚而不是頭髮和耳朵，這又是一種「神魚組合」。

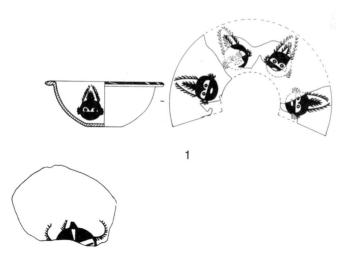

圖 6　陝西何家灣仰韶文化彩陶「人面紋」

再看何家灣兩件只有人面而沒有魚紋結合的平底彩陶盆。一件標本（圖7-1），器形可基本復原，但殘缺嚴重。敞口，窄平沿。沿面繪有黑彩三角紋，器內壁繪有四個對稱的人面像，器底繪一個人面像，器底的人面像比器壁的人面像為大。人面皆為圓形，兩眼用橫線表示，周圍露白，鼻子作拉長的三角形，扁圓形大口。另一件標本（圖7-2），直口，窄平沿。沿面上飾有黑彩三角紋。發掘者從該器的殘損情況推測，其內壁原來應繪有四個相互對稱人面紋。由於腹壁殘缺嚴重，現內壁僅存一個人面紋，人面呈圓形，圓的三分之一上部都塗黑；三分之一中部空出底色，然後再畫出鼻子和眼睛，兩眼用橫線表示，鼻子作拉長三角形；三分之一下部除空出方形嘴巴外全部飾黑。人面的頭頂左側有一牛角狀飾物，或為髮式。

半坡類型晚期人面紋骨管上，用細線雕刻出三個相連的、呈圓形的人面像，見圖8。聯繫到何家灣人面紋、人面魚紋，骨管上的這種紋飾很可能具有神秘意義。緊靠陝西西部的甘肅正寧縣出土的仰韶文化陶器，有類似姜寨的那種神秘紋飾，王宜濤直接稱為面具紋❸，並認為這是一種巫師形象的表現。

---

❸ 參見：王宜濤，〈半坡仰韶文化人面魚紋含義新識〉，西安：《文博》，1995年第3期。

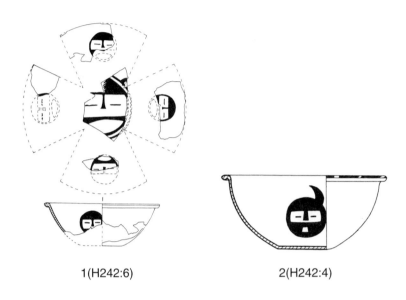

1(H242:6)　　　　　　2(H242:4)

圖7　陝西何家灣仰韶文化彩陶盆

圖8　陝西何家灣半坡類型晚期人面紋骨管 (M168:1)

　　美國考古學家張光直認為，西安半坡仰韶文化彩陶上的人面「以魚貫耳」，好像是巫師的一種形式。半山仰韶文化彩陶裏有一個盆，腹內畫著一個人像，胸部把肋骨畫了出來（圖9）。張光直認為，這是一種所謂 X 光式的圖像，這種圖像自舊石器時代晚期便在舊世界出現，後來一直伸展到新大陸。用這種方式所畫的人和動物常表現出他們的骨骼甚至內臟，好像是用 X 光照出來似的，是一種典型的與薩滿巫師有關的藝術傳統。張光直認為，仰韶時代這種人像，在中國史前時代存在巫師的問題上，給予我們非常鮮明的啟示❹。薩滿原來是西伯利亞土醫的名稱，後廣泛指任何初民社會裡的巫醫，薩滿教即因此而得名。薩滿教盛行於西伯利亞和美洲印第安部落，認為一個人一生被外界的神靈附體，就只能按神靈的旨意行事。

圖 9　半山彩陶盆上的所謂「X 光式的人像」

---

❹　參見：張光直，《考古學專題六講》，北京：文物出版社，1986 年，第 6 頁。

　　與現實空間的外部世界和超現實空間的溝通，是人類與
生俱來的渴求，很容易走向宗教一途。伴隨著新石器時代晚
期物質文明的提高，思想領域的積累也越來越豐富，從現代
出土的宗教遺跡層出不窮即可看出，尤以北方的紅山文化和
南方的良渚文化為盛。良渚文化最受關注的是反山「琮王」
上的紋飾，與常見的玉琮紋飾也有所不同，發掘者認為可以
分成兩個紋飾區。紋飾區之一是四個正面的直槽內上下各有
一個神人獸面複合像，共八個。八個紋飾內容基本相同，神
人的下肢作蹲踞狀，腳為三爪的鳥足。在神人的胸腹部以淺
浮雕突出威嚴的獸面紋。發掘者已指出這種神人獸面複合像
應是良渚人崇拜的「神徽」。紋飾區之二是以轉角為中軸線向
兩側展開的簡化「神徽」（圖10）：

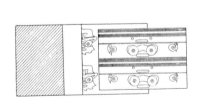

1

2

圖 10　反山琮王 (M12:98)

這類「神徽」是如此複雜，以至我們現在即使描摹一遍，也非易事。良渚文化的傳播能力相當強，廣東境內共發現石峽文化玉、石琮十二件，不少與良渚文化玉器驚人相似。江西的豐城官墩山和新餘拾年山出土過玉琮，特別是 1982 年豐城出土的八節神人紋玉琮，從形制到花紋，都與良渚文化多節高身琮相同，方角刻出三角形凹槽的製法也一致，因而有學者認為該琮是部落之間交聘、饋贈的禮器❺。

「神徽」多有巨眼和獠牙，我認為這種構圖方式在仰韶文化已露出端倪，上述陝西龍崗寺和何家灣遺址就是明證。從別的地域看，湖北天門石家河文化（距今 4600—約 4000年）雖未見人與動物組合圖像，但發達的動物形、人頭像玉器❻，可能延續了獸面紋傳統。

山東日照兩城鎮龍山文化遺物，討論最多的是一件採集的龍山文化石錛（圖 11）。這件器物有玉錛、玉圭、鏟等多種不同的叫法。它之所以引人注目是因為上面的獸面紋。石錛上部兩面刻有獸面紋，口、目、眉、鬚畢具，一面紋飾簡單，一面紋飾複雜，與 T1 ②（考古界指第一個探方的第二次發掘）裏陶片所刻獸面紋相似。

---

❺ 參見：朱非素，〈廣東石峽文化出土的琮和鉞〉，《良渚文化研究》，北京：科學出版社，1999 年。

❻ 參見：湖北省荊州博物館等石家河考古隊，《肖家屋脊》，北京：文物出版社，1999 年，第 298 頁。

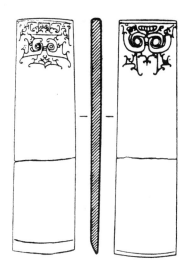

圖 11　山東日照兩城鎮龍山文化石錛

圖 12　師趙村遺址師趙村六期文化人像彩陶罐

甘肅天水師趙村六期文化晚於馬家窯文化而早於齊家文化，採集的「⊕」形符號並遍飾十字形紋的人像彩陶罐（圖12），可以看作是西北人面紋主題的繼續。

從龍山時代（西元前 3000─前 2000 年）的獸面紋上溯仰韶時代（約西元前 5000─前 3000 年），可以看出其間的承接關係。目前對夏文化的來龍去脈還處在依稀恍惚之間，但是就商周「鬼治主義」來看（詳後），夏代的「鬼治主義」只會更濃。商周發達的饕餮紋無疑是仰韶─龍山時代神秘主義紋飾的繼續和發展。

十字形紋是人類發明的常見紋飾，在與其他的紋飾結合起來之後，其品種多達三百八十五種❼。其中不少具有神秘主義意義。在湖南安鄉湯家崗發現的距今六千五百到六千年大溪文化白陶盤底部，原報告指出有八角星紋飾。再看八角形之內，又有十字形紋（圖13）。

在青海柳灣馬家窯文化馬廠類型墓葬中，發現畫有符號的陶器共有六百七十九件，出於二百二十六座墓葬中。其中十字形紋符號多達一百一十六件。可分為十字形與十字加豎線、橫線、斜線等十多種。圖14 就是一個典型的十字形紋。這是各種十字形紋中最典型的一種，即四臂長度相等，垂直相交，西方學者通常稱之為「希臘十字」(Greek Cross) 或等臂十字 (Equilateral Cross)。

---

❼　參見: William Berry, *Encyclopaedica Heraldica*，轉引自芮傳明、余太山,《中西紋飾比較》,上海: 上海古籍出版社, 1995 年, 第 96 頁。

圖 13　湖南安鄉湯家崗大溪文化白陶盤 (M1:1)

圖 14　柳灣彩陶壺上的十字形 (928:14)

辛店文化雙大耳罐上的十字形紋與羊角形紋飾結合起來
（圖 15），十分美觀。

1   2

圖 15　辛店文化雙大耳罐十字形紋飾

中國的十字形紋飾分布極廣，但大量出現在青海、甘肅。
而臨近的西亞是全世界十字架文化的發源地和大本營，中國
的十字形紋飾與西亞應當有文化交流關係。

還有「卐」形紋，中國人稱之為「萬字符」，廣泛出現於
歐洲、中亞的廣大地區，在中國則主要分布在青海等大西北
地區，有學者認為早在仰韶文化就已出現。圖 16 是內蒙翁牛
特旗石棚山陶器上的卐形紋：

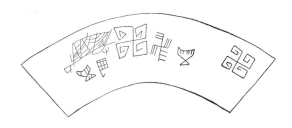

圖 16　內蒙翁牛特旗石棚山直筒罐紋飾展開 (M52:1)

古代哲學家追溯萬物的本源，往往以「太極」來形容，由混沌初開的太極開始，經過陰陽、五行的交錯運動，萬物化生。用圖形表示，太極被畫成黑白相間的球面，尤其受道教的重視，至今還保留在韓國的國旗上。湖北宜昌中堡島屈家嶺文化層出土陶紡輪十八件。其中一件飾紅彩，一面脫落，另一面黑彩繪紋形如太極圖形（圖 17）。

圖 17　湖北宜昌中堡島屈家嶺文化層陶紡輪 (T10:01)

湖北天門石家河羅家柏嶺新石器時代遺址出土有眾多的陶紡輪，有素面與彩陶兩種。素面極少，僅於 T ③ B 中出土兩件。彩陶紡輪計三十四件，均為淘洗的細泥陶，質軟，多

以橙黃色或淡黃色衣為地，橙紅色地很少，個別為白色衣地。均施暗紅色彩，少數為紅色彩，極少褐色彩。彩紋以直線、弧線、曲線、卵點和彩面等五種基本元素構成。彩紋圖案紛繁，器形亦較多樣，大致歸納有直邊、弧邊、斜邊和上平面下球面等形式，以後一種形式最多。可分七種彩紋圖案組合，其中幾種（圖18）與後世的太極圖極為相似。

圖18　羅家柏嶺石家河文化一期彩陶紡輪

　　據發掘者推測，該遺址的石家河文化年代應與青龍泉三期基本相當，距今約四千四百年左右❽。

　　與羅家柏嶺相連的肖家屋脊遺址，出土的彩繪紡輪上也

❽　參見：湖北省文物考古研究所、中國社會科學院考古研究所，〈湖北石家河羅家柏嶺新石器時代遺址〉，北京：《考古學報》，1994年第2期。

有類似圖案（圖 19-1），發掘者逕直稱為「太極圖案」❾。
與羅家柏嶺和肖家屋脊同屬天門市的鄧家灣，出土的石家河
文化早期陶紡輪上，飾紅彩，由弧形組成太極形圖案（圖
19-2）。

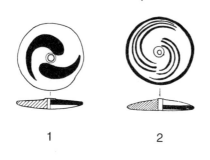

1　　　　　　　2

圖 19　天門石家河文化陶紡輪

　　如果說那時就有了「太極」的觀念還缺乏依據，那麼這
種圖案集中在湖北一帶出現，而且都有彩繪紡輪和陶球，倒
是值得注意，三者可能具有內在聯繫。

　　面對石器時代那些至今還無法破譯的紋飾，給人的震撼
是：就像咿啞學語的孩子，中國先民苦於沒有文字，腦子裏
的精神世界說不出來，只好用紋飾表現。他們在現實空間飽
受艱辛，可是他們的精神空間充滿虔誠和敬畏，這足以使追
求享樂的現代人汗顏。在宗教的精神空間裏，極樂世界有千

❾　參見：湖北省荊州博物館等石家河考古隊，《肖家屋脊》，北京：文
　　物出版社，1999 年，第 214 頁。

萬重，非世俗幸福所能比。這本質上不是高下之別，而只是方式不同。對於不同的生活方式，我們最好保持敬意。唐人王昌齡的絕句「樓頭少婦鳴箏坐，遙見飛塵入建章」，這是多麼富貴繁榮的生活！這是一種境界。而那些面壁十年的老僧，尋覓的卻是另外一個宇宙，即他們的真如境界。楊向奎據此指出，我們沒法判斷這兩種人生境界的枯榮與苦樂，他們都有所得。北宋程顥所謂「萬物靜觀皆自得，四時佳興與人同」，的確是理學家之見道語。宇宙萬物具有能生能長之本能，自有生機意趣，我們不能判斷其品位高低、枯榮與否❿。楊向奎的話也提醒我們：歷史學是一門研究人類社會發展規律的經驗科學。所謂「經驗科學」，是指歷史學不能像數學等學科那樣假設、推導，歷史學家的任務是儘量理解已經發生的（這是不可逆轉的）事實。例如宗教，你能從任何一種宗教中找到十分荒唐的東西，即使你看起來如此荒唐的東西在歷史上就這樣產生了。

---

❿ 參見：楊向奎，〈人生境界論——自然空間與理性空間〉，北京：《中國社會科學院研究生院學報》，1996 年第 4 期。

本章圖片來源

圖 1-1　陝西省考古研究所，《龍崗寺——新石器時代遺址發掘報告》，北京：文物出版社，1990 年，第 115 頁圖 81 之 10。

圖 1-2　陝西省考古研究所等，《陝南考古報告集》，西安：三秦出版社，1994 年，第 132 頁圖 84 之 4。

圖 2-1　中國社會科學院考古研究所，《寶雞北首嶺》，北京：文物出版社，1983 年，第 49 頁圖 47 之 7。

圖 2-2　中國科學院考古研究所等，《西安半坡》，北京：文物出版社，1963 年，第 180 頁圖一二八。

圖 2-3　《姜寨》上冊，北京：文物出版社，1988 年，第 255 頁圖 181 之 1。

圖 3-1　中國社會科學院考古研究所，《寶雞北首嶺》，北京：文物出版社，1983 年，第 49 頁圖 47 之 7（左）+《甲骨文合集》第 21470 片（右）。

圖 3-2　《南明》472。

圖 3-3　徐中舒主編，《殷周金文集錄》201，成都：四川辭書出版社，1984 年 2 月，第 65 頁 201 號。

圖 4　陝西省考古研究所，《龍崗寺——新石器時代遺址發掘報告》，北京：文物出版社，1990 年，第 35 頁圖 25。

圖 5-1　陝西省考古研究所，《龍崗寺——新石器時代遺址發掘報告》，北京：文物出版社，1990 年，第 119 頁圖 84 之 1。

圖 5-2　陝西省考古研究所，《龍崗寺——新石器時代遺址發掘報告》，

北京：文物出版社，1990 年，第 119 頁圖 84 之 2。

圖 5-3　《姜寨》上冊，北京：文物出版社，1988 年，第 241 頁圖 172
　　　　之 5。

圖 5-4　《姜寨》上冊，北京：文物出版社，1988 年，第 257 頁圖 183
　　　　之 2。

圖 6-1　陝西省考古研究所等，《陝南考古報告集》，西安：三秦出版社，
　　　　1994 年，第 133 頁圖 85 之 3。

圖 6-2　陝西省考古研究所等，《陝南考古報告集》，西安：三秦出版社，
　　　　1994 年，第 128 頁圖 81 之 8。

圖 7-1　陝西省考古研究所等，《陝南考古報告集》，西安：三秦出版社，
　　　　1994 年，第 133 頁圖 85 之 1。

圖 7-2　陝西省考古研究所等，《陝南考古報告集》，西安：三秦出版社，
　　　　1994 年，第 132 頁圖 84 之 6。

圖 8　　陝西省考古研究所等，《陝南考古報告集》，西安：三秦出版社，
　　　　1994 年，第 144 頁圖 93 之 1。

圖 9　　張光直，《考古學專題六講》，北京：文物出版社，1986 年，第 6
　　　　頁圖 1。

圖 10　浙江省文物考古研究所反山工作隊，〈浙江餘杭反山良渚墓地發
　　　　掘簡報〉，收錄於《文物》1988 年第 1 期，第 12 頁圖 19、圖 20。

圖 11　佟柱臣，《中國新石器研究》，成都：巴蜀書社，1998 年，第 577
　　　　頁。

圖 12　中國社會科學院考古研究所編著，《師趙村與西山坪》，北京：中
　　　　國大百科全書出版社，1999 年，第 149 頁。

圖 13　湖南省博物館，〈湖南安鄉湯家崗新石器時代遺址〉，收錄於《考古》1982 年第 4 期，第 350 頁圖 9 之 1。

圖 14　青海省文物管理處考古隊等，《青海柳灣》上冊，北京：文物出版社，1984 年，第 163 頁圖 93 之 2。

圖 15-1　石興邦，〈中國文化與文明形成和發展史的考古學探討〉，《亞洲文明》第三集，合肥：安徽教育出版社，1995 年。

圖 15-2　石興邦提供。

圖 16　李恭篤，〈昭烏達盟石棚山考古新發現〉，收錄於《文物》1982 年第 3 期，第 34 頁圖 8。

圖 17　湖北宜昌地區博物館等，〈宜昌中堡島新石器時代遺址〉，收錄於《考古學報》1987 年第 1 期，第 91 頁 29 之 12。

圖 18　湖北省文物考古研究所、中國社會科學院考古研究所，〈湖北石家河羅家柏嶺新石器時代遺址〉，收錄於《考古學報》1994 年第 2 期，第 203 頁圖 10-18。

圖 19-1　湖北省荊州博物館等石家河考古隊，《肖家屋脊》，北京：文物出版社，1999 年，第 214 頁圖 163 之 6。

圖 19-2　荊州地區博物館等，〈天門鄧家灣遺址 1987 年春發掘簡報〉，《江漢考古》1993 年第 1 期，圖 11 之 12。

遠古的「梵蒂岡」和商周的天朝小國

約西元前 3300—前 2200 年的良渚文化出現最著名的所謂「神徽」，上半部分是似人似獸即所謂「神人」的圖案，下半部分還露出鳥爪，這種圖像發展到商代，用鳥頭代替了鳥爪，「神人」固定為「天」() 字，「天」和「鳥」結合起來，就成了商代金文中的「天鳥」；《呂氏春秋・諭大》有「天翟」，高誘注為獸名。「翟」即短尾雉，「天翟」可以理解為「天鳥」。

據《國語·魯語下》記載：西元前494年，以今天江蘇
為勢力中心的吳國，攻打以今天浙江為勢力中心的越國，摧
毀越國的會稽城，以防越國據以頑抗，就在毀城的過程中，
出土了特別長的骨頭，一節骨頭竟蓋滿了一車！這是中國有
記載的最早的考古發現之一，在當時無疑是帶有神秘色彩的
新聞，孔子是著名的博物君子，當時一發現有什麼特異的東
西，時人往往來問他，如「季桓子穿井，獲如土缶，其中有
羊焉」之類。孔子告訴吳王夫差的使臣，過去「禹致群神於
會稽之山」，防風氏遲到，被禹殺戮，其骨節蓋滿一輛車，因
此會稽出土的骨頭是防風氏的遺骨。對於孔子所講的傳奇故
事，吳國使者不知什麼是「神」，孔子因而解釋道：「山川之
靈，足以紀綱天下者，其守為神。」他還區別了主山川之靈的
「神」與守土的公侯。《韓非子·飾邪》記載這個故事時，直
接把「群神」寫作「諸侯之君」，原文說：

禹朝諸侯於會稽之山，防風之君後至，而禹斬之。

兩書對比，《國語》的「禹致群神於會稽之山」等於《韓
非子》的「禹朝諸侯於會稽之山」，也就是說，群神等於諸侯，
這就明白地告訴我們，古代有一種諸侯被稱作「神」。近代章
太炎根據《魯語》這段話，提出古代諸侯有神守之國與守社
稷之國，認為古代像防風、任、宿、須勾、顓臾這樣的小諸
侯很多，都是神守之國，忙於宗教，不設兵衛，不務農戰，

不守社稷。這樣的「神國」在周代還相當不少，只因很少與諸侯來往，不見於記載，滅亡得也快。章太炎的老師俞樾也指出，人可以被稱為「神」，極具眼光。1925 年，後來開創古史辨學派的顧頡剛指出，西周以前，君主即教主。1962 年，楊向奎指出，在階級社會的初期，統治者居山，作為天人的媒介，全是「神」國，國王們斷絕了天人的交通，壟斷了交通上帝的大權，他就是神，沒有不是神的國王❶。1997 年，我本著神守、社稷守在夏代的分化，對中國歷史重新分期，即❷：

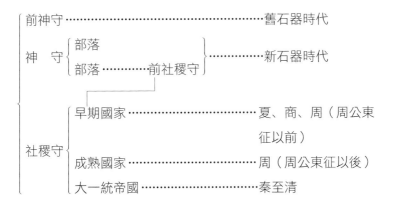

2000 年，本人提出：

❶　參見：《中國古代社會與古代思想研究》上冊，上海：上海人民出版社，1962 年，第 164 頁。

❷　參見：吳銳，〈神守、社稷守考〉，日本：《中國出土資料研究》創刊號，1997 年。

神守、社稷守的關係，有點像梵蒂岡與義大利的關係。
夏代以前全是神守（梵蒂岡式的純宗教實體）。到了夏
代，從神守分化出社稷守，即最早的國家（義大利）；
同時，還沒有跨入國家門檻的神守仍比比皆是（梵蒂
岡與義大利平行發展）❸。

　　在遠古，一個人一旦被視若神明，就能登上首領的寶座。
相反，出現大的天災人禍，人們就會認為首領已不具有神性，
應當用新的神聖之人取代。例如《三國志》載：「當出現水旱
不調、五穀不熟的情況，夫餘人就歸咎於王，或言當換國王，
或言當殺國王。」《新五代史》載契丹部落中有一個較大的部
族叫大賀氏，大賀氏後來又分為八部。部的首領號大人，推
舉一個大人建旗鼓以統八部。當「其國有災疾而畜牧衰」，則
八部聚議，推舉新的盟主。可見成為一名首領並非易事，也
有很大的風險。
　　《國語‧楚語下》所記楚國觀射父回答楚昭王關於顓頊
命重黎絕地天通的問題，按他的說法，古代的民神關係也即
天人關係經歷了三個階段：
　　1.少昊以前，民神不雜，巫、覡、祝、宗各司其職，民
神異業，天下太平；
　　2.少昊之末，民神雜糅，人人作享，民神同位，天下大

---

❸　參見：吳銳，〈二版後記〉，楊向奎《墨經數理研究》，濟南：山東
大學出版社，2000 年。

亂;

　　3.顓頊時代，絕地天通，民神不雜，天下復歸太平。

　　現在，我們知道，巫師不是一開始就有的，觀射父的「三
分法」是錯誤的。在等級社會出現以前，人人平等，人們的
宗教權利也是平等的，人人可以與神溝通，可以說是「夫人
作享，家為巫史」（夫人，即「人人」），也正如清末龔自珍所
說:「人之初，天下通，人上通;旦上天，夕上天。天與人，
旦有語，夕有語」❹。這時的宗教相當於弗雷澤所說的「個
體巫術」階段。後來，一批巫師脫穎而出，逐漸導致神守的
產生。顓頊時代在中國歷史上處於一個巨大的變革時期，這
在中國文獻中也可以找到旁證，如《左傳‧昭公十七年》記
載郯子的話說:

　　　　昔者黃帝氏以雲紀，故為雲師而雲名;炎帝氏以火紀，
　　　　故為火師而火名;共工氏以水紀，故為水師而水名;
　　　　太昊氏以龍紀，故為龍師而龍名。我高祖少昊摯之立
　　　　也，鳳鳥適至，故紀于鳥……自顓頊以來，不能紀遠，
　　　　乃紀于近。

　　可見顓頊時代與以前大不相同，《漢書‧百官公卿表》也
說:

---

❹　參見: 龔自珍，《龔自珍全集》，上海: 上海人民出版社，1975 年，
　　第 13 頁。

　　自顓頊以來，為民師而命以民事，有重黎、句芒、祝
融、后土、蓐收、玄冥之官。

　　這是說顓頊時代的「民事」已顯露出重要性，但這仍然
是神守時代，顓頊的形象乃是一個大巫，《大戴禮記·五帝德》
說他「洪淵以有謀，疏通而知事，養財以任地，履時以象天，
依鬼神以制義，治氣以教民，絜誠以祭祀，乘龍而至四海」，
甚至日月星辰的秩序都出於他的安排。

　　古書形容夏代以前是一個黃金世界，連禽獸都很聽話。
可是到了夏代，一切都亂了套，暗示夏代是個轉型期。夏代
有所謂「夏書」、「夏訓」，見於《左傳》等書。夏代農業發展，
民事事務日趨複雜，營於機祥的神守之制其發展能力畢竟有
限，不能適應新的時代要求，因管理民事和戰爭等方面的需
要，王權逐步增強，抑制了神權的影響力，終於由社稷守取
代了神守。

　　正如我們在第一章看到的那樣，在人類的童年，普遍相
信神秘主義。神秘主義既可用來為個人服務，也可為全社會
服務，當巫師們形成一個特殊階層，巫師首領順理成章地發
展為國王，同時也是宗教活動中的祭司，也就是說集宗教領
袖和行政首領於一身。《三國志·魏志·東夷傳》記韓人「信
鬼神，國邑各立一人，主祭天神，名之天君。」這是三國時猶
存的遺俗。巫術推動的神權政治改變了人們的社會結構和生
活方式。

　　《新唐書・列傳・南蠻下》說兩爨蠻：「夷人尚鬼，謂主祭者為鬼主，每歲戶出一牛或一羊，就其家祭之。」《新五代史》記昆明首領號稱「昆明大鬼主」。《宋史・列傳・蠻夷四》載黎州諸蠻，共十二種，「夷俗尚鬼，謂主祭者鬼主，故其酋長號都鬼主」，同書又有「以歸來州地賜羅氏鬼主」的記載。甚至在 1949 年以前，中國雲南、四川的彝族地區還存在鬼主制度。後世這些神權、君權一肩挑的現象，有著極其古老的淵源。「天君」也好，「鬼主」也好，實際上也就是我們所說的神守傳統。天君之「天」、鬼主之「鬼」即標示其宗教權力，相當於神守的「神」；而天君之「君」、鬼主之「主」則標識其行政權力，相當於神守的「守」。東漢天師道首領張魯占據漢中，自號師君，「師」應該指太師，是上帝派下來的；「君」指行政首領。張魯簡直要恢復神守！

　　由神守到社稷守，也就是由神權到王權、產生國家的過程。國家產生以後，大的國王只能有一個，那些曾經稱王的「神守」只能降下身分當祭司去了。1990 年在湖北鄖縣肖家河村發現一批春秋晚期銅器，其中的一件簋，器蓋和器內壁都有三行相同的銘文，開頭稱「申王之孫叔姜」，可見申國曾經稱王。「申王之孫叔姜」正像屈原在《離騷》頭一句話便說「帝高陽之苗裔兮」，都是以遠祖自豪。西周早期銅器有一件《作冊矞卣》，矞即申，作冊是史官，早期史官跟巫師難以區分。申人是姜姓後裔，姜姓和姒姓的夏、姬姓的周融合了極長的時間，周人的老祖母叫姜嫄，西周開國元勳呂尚（俗稱

姜太公）相傳是周文王、周武王的老師❺。「申」字即「神」
字，最初是梵蒂岡那種神守，至少到西周初，已經由神守變
為祭司了。

　　考慮到商、西周雖然已經進入社稷守，但由於是從神守
脫胎而來，必然打上神守傳統的烙印，這個烙印在商代甲骨
文和商周銅器銘文上可能會有所表現，我懷疑就是族徽前的
「天」（※）字或「玄」（※，※，又可簡化為※、※、※、※）
字。最有代表性的是「天黿」和「玄黿」，這兩組族名郭沫若、
楊向奎已經釋讀出來，至今沒有得到公認，當然也沒有明確
提出「『天』字族群」。《三代吉金文存》19.15.1、19.15.2 所
收錄的兩件戈，戈上的銘文下半部基本相同，上半部銘文各
為※和※，都是龜的象形，似乎暗示這兩件戈的上半部分銘文
應當有某種密切的關係。我認為「玄黿」、「天黿」，意思都是
表示「神聖的龜族」。青銅器銘文帶※和※的有二百多件，可
見這一族是人丁興旺。族名前綴以「天」字或「玄」字只是
美稱，神聖其族，關鍵字還是「天」字後面的族名。

----

❺　參見：傳世西周早期銅器「天亡□」（又稱「大豐簋」）之「天亡」，
　　眾說紛紜，我以為楊向奎的解說最為通達。楊向奎認為銘文應這樣
　　斷句：「王祀於天室，降天亡右王天。」天、太兩字通用，「天亡」
　　即「太公望」，而「降」字的用法，一如甲骨文的「帝降若」與「降
　　不若」，也就是《尚書》之《大誥》、《酒誥》「天降威」之「降」，
　　「降天亡」一如「降太師望」，就是天賜的太公望。參見：〈太公望
　　與「天亡簋」〉，濟南：《東嶽論叢》，1996 年第 2 期，後收入《楊向
　　奎學術文選》，北京：人民出版社，2000 年。

　　按照以郭沫若為代表的主流看法，卜辭稱至上神為「帝」或「上帝」，殷周之際才稱「天」，古文字學者大多持這一看法，這是值得再思的，很難想像在神守時代沒有帝、天等觀念。我認為族徽的來源很早，可以追溯到神守時代的圖騰崇拜。前面已經指出，仰韶文化人面魚紋，表達的是一種「神魚」或者「天魚」觀念，因為當時沒有文字，只好用這種圖畫來表示。到了有文字的時代，固定為「魚」字。同理，約西元前 3300─前 2200 年的良渚文化出現最著名的所謂「神徽」，上半部分是似人似獸即所謂「神人」的圖案，下半部分還露出鳥爪，這種圖像發展到商代，用鳥頭代替了鳥爪，「神人」固定為「天」(𠆢) 字，「天」和「鳥」結合起來，就成了商代金文中的「天鳥」；《呂氏春秋・諭大》有「天翟」，高誘注為獸名。「翟」即短尾雉，「天翟」可以理解為「天鳥」。

　　文獻和甲骨文中的「玄鳥」以及金文中的「天鳥」銘文，其原型我認為就是太湖流域良渚文化帶鳥爪的神人獸面紋，「天」字就是原來的神人獸面，銘文中的「鳥」字用鳥頭表示，而在良渚文化中是用鳥爪表示，可設想如下圖（圖 20）。

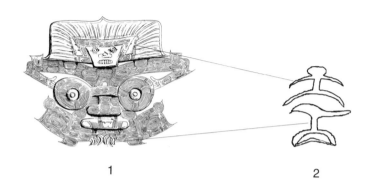

圖20　天鳥：由圖畫到文字

　　神守時代的圖騰崇拜應當就是神化動物和族群祖先的表現，這種圖騰到社稷守時代定型為文字，表現為「『天』字族群」，大約有：㈠天魚，㈡天黿（玄黿），㈢玄鳥，㈣天熊，㈤天豕，㈥天虎，㈦天戈，㈧天弓，㈨天刀，㈩天鉞，㈪天刑，㈫天禾，㈬天木，㈭天周，㈮天己，㈯天井，㈰天戶，㈱天世，㈲天車（玄車），㈳天中，㈴天山，㈵天于。

　　金文中的「天」多數畫的是人正面站立之形，維妙維肖，人的頭、身軀、四肢清晰可見。這種字形與戈、刀等字相結合，固然可解釋為人持戈之類，但與「龜」字結合(𪔂)，似乎不能解釋人拿著烏龜。至於與「山」字結合，則更不可能解釋為人持山。

　　銅器銘文又常見在末尾鑄以「天」字，其用意有兩種可

能，一是僅僅表示神聖，與族徽無關，二是族徽，「天」只是美稱，真正與「天」字相連的族徽反而省略了。本人以為第二種可能性大，作器者當然知道他們的族徽，但一經省略，我們現在卻無從稽考了。而且這些「『天』字族群」只見於商周，顯然在東周以後，已經沒有在族名前加「天」字的習慣❻。

　　「『天』字族群」是商朝、西周的先民將理想中的天國和現實中的王國相結合的產物，生活在這種天朝小國裏的子民既享受了小國寡民的平靜生活，又體驗了天國的威嚴。大陸的教科書異口同聲地說商周奴隸主除了在政治上揮舞大棒，還在思想上製造宗教的枷鎖，變本加厲地壓榨老百姓，說得血淋淋的恐怖，好像他們親眼所見。我們不要忘記：沒有共同的對「神」的信仰，就不會形成「神守」這樣的社會組織；同樣，沒有共同的對「神」的信仰，就不會形成「『天』字族群」。例如新石器時代的神人獸面紋玉器，一直延續到商周。商代的可以江西省新幹縣大洋洲商代玉器為例。在眾多的玉器中，有一件神人獸面形玉飾，屬洛翡玉，牙白色，兩面均粘有紅朱，背面中部呈淡綠色。上端左角稍殘。體扁平，略呈長方形。中部兩側有突扉棱和兩圓孔。頂端平齊，兩側內勾，成兩卷角。正面中部偏下刻神人獸面紋，頭頂上橫刻平行陽線四條，其上豎刻稍向外弧的陽線十一組，直至器體頂端，形似羽冠。整體和正面紋飾猶如一個戴著卷角高羽冠的

❻　但漢朝自稱「天漢」，如後文所說，神守的實體大量消失了，但某些習俗卻保留下來。

神人。構思巧妙，線條流暢。長 16.2cm、下端寬 5cm、上端寬 4.2cm、中間最寬 6cm、厚 0.4cm（圖 21-1）。在陝西灃西西周墓出土的神人玉雕像，與大洋洲的這件玉飾的神人獸面紋極為相似（圖 21-2）。

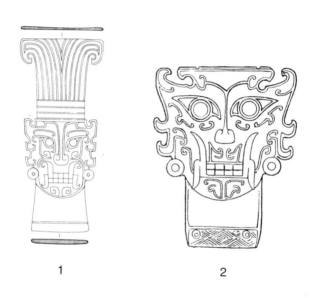

圖 21　商周南北神人獸面紋比較

再看南方良渚文化珍貴玉器上的紋飾（圖 22），從造型上我解釋為展翅待飛的神鳥❼，也未嘗不可以說是新石器時代晚期的「天使」。

❼　參見：吳銳，〈從「島夷」論談考古與文獻的對應——學習第十三批判筆記之三〉，《古史考》第六卷，海口：海南出版社，2003 年，第 164 頁。

圖 22　良渚文化玉器紋飾

　　商周青銅器上大量的饕餮紋久負盛名（圖 23-2），這種
紋飾森嚴神秘，在商代白陶上也有表現（圖 23-1），都可以
反映商周先民強烈的敬畏精神。商代白陶很少見，帶饕餮紋
的白陶則更少了，不過有獸面印紋的白陶早在陝西龍崗寺仰
韶文化半坡類型遺物中已經出現，商代則是順理成章地發展。

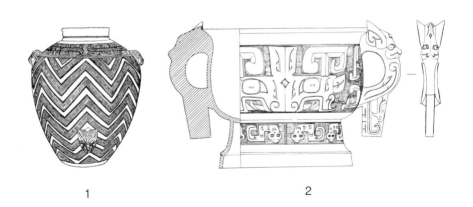

1　　　　　　　　　　　　　　2

圖 23　神秘的商周饕餮紋

　　處於神守時代（新石器時代）和商、周之間的夏代（西元前 1994 年—前 1523 年），至今還沒有發現文字。唯其時代發現之青銅器上，饕餮雙目正圓，鼻與身脊相通，兩角長而上延，捲曲似尾，與商周饕餮紋不同。這種銅飾後來還有出土，加上流落海外的非發掘品，已知這種二里頭文化嵌綠松石饕餮紋銅飾一共有十件之多。

　　有人認為 1984 年出土的那件，饕餮紋的面部，很像二里頭出土的一件陶片上刻的雙身龍紋的頭部。銅飾上面的饕餮實質也是龍。但《中國美術全集・工藝美術編 4・青銅器》（上）收錄的一件商代後期嵌綠松石饕餮紋方罍(彩版六三)，高 10.8cm、口徑 5.8cm，傳 1934 年出土於安陽，肩飾倒夔紋，四隅有扉棱，中間有小獸首。兩側獸首有孔，可穿線。腹飾饕餮紋，上加兩道弦紋，有八道扉棱。肩、腹花紋及小獸首上皆滿嵌綠松石。這種銅器上嵌綠松石的作法與 1981 年發掘的那件二里頭銅牌飾，如出一轍，紋飾也有相似之處。那麼上圖的饕餮紋未必是龍了。我主張這種饕餮紋是神守時代「獸面紋」的繼續，有神化的寓意。我們的先民即使在食物極端匱乏的情況下，也不是只滿足於吃飽喝足，而是有著高深的追求。他們在現實空間裏披荊斬棘，同時，他們也在精神空間裏構築天國，天人合一，他們自有歡樂！

本章圖片來源

圖 20-1　浙江省文物考古研究所反山工作隊，〈浙江餘杭反山良渚墓地發掘簡報〉，收錄於《文物》1988 年第 1 期，第 12 頁圖 19。

圖 20-2　《小校經閣金石文字》6.29.3。

圖 21-1　江西省文物考古研究所、江西省新幹縣博物館，〈江西新幹大洋洲商墓發掘簡報〉，收錄於《文物》1991 年第 10 期，第 15 頁圖 19 之 2。

圖 21-2　張長壽，〈記灃西新發現的獸面玉飾〉，收錄於《考古》1987 年第 5 期，第 470 頁圖 1。

圖 22　牟永抗，〈良渚玉器上神崇拜的探索〉，《慶祝蘇秉琦五十五年論文集》，北京：文物出版社，1989 年，192 頁圖 5 之 5。

圖 23-1　北京大學歷史系考古教研室商周組，《商周考古》，北京：文物出版社，1979 年，第 49 頁圖 27。

圖 23-2　陝西省考古研究所，《高家堡戈國墓》，西安：三秦出版社，1995 年，第 62 頁圖 50。

第二章

為什麼宗教只能抑制不能消滅

古今中外都發生過多種消滅宗教的事件，但最終沒有消滅宗教。不少人相信，隨著科學的發達，必將取消宗教。可是時至今日，人類進入資訊社會，科學不能說不發達，而宗教也沒有被取代。看來對宗教的人為干涉最多只能起一些抑制作用，並不能從根本上消滅宗教。

隨著西元前 771 年西周的滅亡，平王東遷，周王室威信掃地，東周自身難保，周天子發現已經沒有什麼東西可賜予他人了，難怪王綱要解紐！以天命思想為核心的傳統的意識型態捉襟見肘：

第一，統治者鼓吹「以德配天」，自命「有德」，壟斷「天命」，小民百姓沾不到光，因而引起了對天命論的懷疑。西周末年出現了一股罵天思潮，屢見於《詩經》，人們認為天不可信，並沒有給人們帶來好處，反而降下災禍，這實際上是對現實政治的抗議，也反映了西周早期天命觀的日暮途窮。

第二，不能推動生產力發展。即使打著天命發動「聖戰」，從異族手中搶奪生存資源，也不是長久之計。

由於土地和人口的數量都是有限的，要擴大財富的來源，非常關鍵的一條是驅使人力運用新的生產工具開墾土地，增加財富。商代、西周的銅質生產工具還不是主流，銅料主要用於製作禮器，中國在手無寸鐵的特殊情況下進入文明。發展到春秋，發生了劃時代的變化，即出現了鐵器。在春秋和戰國，鐵器作為新的生產工具投入生產，是革命性的變化。在春秋、戰國這樣一個變革的時代，這一時期出現的刻紋銅器與傳統青銅禮器有很大的不同。在器物上刻劃花紋，是早在舊石器時代就已出現、新石器時代得到高度發展的一種工藝。如距今一萬年前的河北興隆舊石器時代鹿角，陰刻有複雜而美觀的圖案。我國最早的新石器時代遺址之一——仙人洞遺址，在磨製很精細的刻紋骨錐上面，有平行刻紋，上部

橫剖面呈扁橢圓形，中間橫剖面是三角形，下部橫剖面是圓形。進入銅器時代，這種工藝發展到在銅器上鑄造或刻劃花紋。紋飾題材與商代、西周猙獰威嚴的饕餮紋不同，新出現了狩獵等表現現實的內容，這是春秋戰國的意識型態逐漸由宗教而世俗化的表現，如洛陽戰國墓葬裏的狩獵紋銅器。狩獵可能屬於貴族射禮的一部分，但像洛陽金村戰國銅鏡上的畫面（圖 24），表現人騎馬與獸搏鬥，題材世俗化，與西周禮器有所不同。

圖 24　戰國狩獵紋銅器

　　表現在思想領域，西周是學在官府，東周則新出現了私人授徒，學在民間。特別是諸子百家的風起雲湧，打破了統治者對思想的壟斷。儒、墨二家在戰國號稱顯學，其實早於儒、墨且比儒墨毫不遜色的是道家。追溯這三大學派的思想

來源，都能看到神守背景。其他如兵家、陰陽家也不例外。

（一）道　家

道家的開創者是老子，重量級代表可舉出莊子。關於他們的出生地有多種說法，但都在楚文化的範圍之內。南方道家的產生有地理上的特殊性。《史記・貨殖列傳》說楚、越之地，地廣人稀，無凍餓之人，亦無千金之家。老子嚮往的小國寡民大概就是這樣。在神守時代的末期，由於頻繁的族系之間的戰爭和農業的發展，王權逐步強化，社稷守從神守中破殼而出，這得力於北方之強；而在南方等許多地區，長期處於自給自足的封閉狀態，忙於宗教，不務農戰，以柔弱自保，這是南方之「強」，即柔。老子的思想核心就是鼓吹這種柔教。

老子為楚人，楚國的文化是在吸收申等國的文化發展起來的，而申國長期保留神守的形態，從思想傳承來看，楚國更具有神守傳統。

從職掌來看，老子是史官。上古時代的史官並不限於記述歷史，而是在多種方面被委以重任，地位很高。老子作為典藏史，固不能僅僅當作一位圖書管理員來理解。史職由神而巫演變而來，在春秋這一轉型時期，史官的神巫傳統仍然可以看到。關於史官的職掌，《國語・楚語下》載楚大夫王孫圉論楚之「國寶」云：

（白珩）未嘗為寶。楚之所寶者，曰觀射父，能作訓
辭，以行事于諸侯，使無以寡君為口實。又有左史倚
相，能道訓典，以敘百物，以朝夕獻善敗于寡君，使
寡君無忘先王之業；又能上下說于鬼神，順道其欲惡，
使神無有怨痛于楚國。……若夫白珩，先王之玩也，
何寶之焉？

　　倚相為史官，他肩負著調理人神關係的重任，即所謂「上
下說（悅）於鬼神」。於此可以推知，老子作為周王室的史官，
必以善於處理人神關係而見委。他後來入室操戈，反對神，
闡發「道」，並賦以物質的內容（「道法自然」）。他說：「吾不
知其名，字之曰道，強為之名，曰大。」表明他第一個闡發這
一劃時代思想時所遇到的困境。「道」作為老子學說的核心，
是繼承春秋時的學說而發揚光大之。

　　由於史職由神而巫演變而來，在春秋這一轉型時期，史
官掌管祭祀，觀測天象和氣候，甚至給人看相、論病，這些
無不是巫師的老本行。因為史官本身就是由神巫演變而來，
不能不保持某些特色。《國語·周語上》記載周厲王暴虐，「國
人謗王，王得衛巫，使監謗者。」三國時韋昭注云：「巫人有
神靈，有謗必知之」，這是正確的解釋。《莊子·應帝王》載：
「鄭有神巫曰季咸，知人之死生、存亡、禍福、壽夭，期以
歲月旬日若神。」老子將帶有濃厚宗教色彩的原始天人關係改
造成富有哲學意義的天人關係，尤其偏重個人（而不是人人

之際）的超越，此後道家、道教蔚為與儒家、佛教並駕齊驅
的學派或教派，而都奉老子為鼻祖。這位「古之博大真人」
與遠古文化（神守）有極為密切的聯繫，可見神守時代的文
化傳統生生不息，像奔騰的大海，構成中國文化深厚寬廣的
底蘊，灌溉每個中國人。

（二）儒　家

儒最早以相禮為職業，相當於司儀。《列子・周穆王》載：
「秦人逢氏之子，有迷罔之疾，聞歌以為哭，視白以為黑。」
總之是「無不倒錯」，有人向他的父親建議：「魯之君子多術
藝」，可能會治這種病，為什麼不到魯國去尋訪呢？此「術藝」
當指相禮之類的專長，當然包括宗教禮儀在內。到春秋末年
孔子開創儒家時，對傳統的術士之儒進行了改造，強調要做
弘道的君子儒，不要做混飯吃的小人儒。他的學生曾子說道：
「士，不可以不弘毅，任重而道遠。仁以為己任，不亦重乎，
死而後已，不亦遠乎。」（《論語・泰伯》）

春秋時代，祭祀和戰爭屬於國家大事（「國之大事，在祀
與戎」），孔子也很重視祭祀。孔子又敬畏天命，曾說過：「君
子有三畏：畏天命，畏大人，畏聖人之言。小人不知天命而
不畏也，狎大人，侮聖人之言。」（《論語・季氏》）敬畏精神
是孔子的一項重要特點。

孔子首開私人授徒之風，有教無類，所以儒家這一派發

展得很快，傳說孔子的弟子有三千人之眾。儒家發展到戰國
中期，子思、孟軻一派的儒家即所謂思孟學派，鼓吹一種新
五行說，說得「僻違」、「幽隱」、「閉約」，並託之於孔子所傳，
吹得神神道道，有宗教的意味，遭到戰國晚期大儒荀子的尖
銳批評。相傳子思作的《中庸》鼓吹「誠」、「道」，《孟子》
的「神」、「浩然之氣」，已經滑到了唯心主義的邊緣，這也可
能是唯物主義思想家荀子所要批評的焦點之一。

　　孟子的性命之學是儒學的重大發展，《孟子》有《盡心》
上下兩篇，上篇開篇就說：

> 盡其心者，知其性也；知其性，則知天矣。存其心，
> 養其性，所以事天也。天壽不貳，修身以俟之，所以
> 立命也。

　　可見盡心的終極目的是為了知天，東漢趙岐注釋「盡心」
這一篇名的意思說：「盡心者，人之有心，為精氣主，思慮可
否，然後行之，猶人法天。天之執持維綱，以正二十八宿者，
北辰也。《論語》曰：『北辰居其所而眾星拱之。』心者，人之
北辰也。苟存其心，養其性，所以事天也。故以『盡心』題
篇。」這種解釋基本上是符合孟子原意的。

　　孟子於《盡心》下篇又強調性、命有別：

> 口之于味也，目之于色也，耳之于聲也，鼻之于臭也，

四肢之于安佚也，性也。有命焉，君子不謂性也。仁
之于父子也，義之于君臣也，禮之于賓主也，智之于
賢者也，聖人之于天道也，命也。有性焉，君子不謂
命也。

「性」是本性，「命」是天命。楊向奎很早就指出，思孟
學派所謂「天命」，具體表現的就是五行學說。從《尚書・洪
範》到《管子》五行說，全是五行說上的「往舊」，雖然《左
傳》、《管子》的五行說已經和宗教上的崇拜結合在一起，不
是單純的唯物學說了，然而這種五行體系仍然接近於原始的
五行說。真正使五行說唯心化了的還是自子思、孟子開始，
他們是儒家中的主觀唯心論者，把主觀唯心論的主張和原始
的五行說結合在一起，於是五行說完全變質了。子思作《中
庸》，開篇稱：「天命之謂性。」鄭玄注：「木神則仁，金神則
義，火神則禮，水神則智，土神則信。」章太炎認為這就是子
思的遺說，楊向奎肯定了章太炎這一論斷，並指出，《中庸》
引孔子的話：「素隱行怪，後世有述焉，吾弗為之矣。」「素隱
行怪」，《漢書・藝文志》引作「索隱行怪」，唐代顏師古注以
為「索隱」是「求索隱暗之事」。朱熹注《中庸》本於此而謂
「鄒衍推五行，後漢講讖緯，便是隱僻。」楊向奎認為「素隱
行怪」等等雖說是孔子的話，引在《中庸》，正好代表子思。
此外如《中庸》說：「仲尼祖述堯舜，憲章文武，上律天時，
下律水土。」楊向奎認為只有五行說的「天時」為可律，《呂

氏春秋·十二紀》、《禮記·月令》的「五行律」正由此出發。
孟子說：「天時不如地利，地利不如人和」❶，趙岐解「天時」
為「時日、支干、五行、王相、孤虛之屬」，楊向奎引用《荀
子》、《韓非子》的記載，說明兵家所謂天時，非日時五行之
類莫屬，這也可以解釋孟子所說的天時，可見《孟子》確有
五行說❷。近幾年出土的郭店戰國楚簡，學者多以為與思、
孟五行說有關。我認為思、孟五行說當是神守傳統在戰國朝
哲學方面的新發展，然而帶有一定的神秘色彩。這種神秘色
彩到了漢代的儒家得到極度的放大。

（三）墨　家

在諸子百家中，沒有人像墨子那樣尊天事鬼。墨子學說
的基礎是論證所謂「天志」。墨子自己說：「我有天志，譬若
輪人之有規，匠人之有矩。」現存《墨子》一書有《天志》上
中下三篇，已是開宗明義，另有《明鬼》上中下三篇與《天
志》相為表裏。墨子經常以「天」和「人」二者對言，有時
也以「天」、「鬼」、「人」三者對言，如墨子經常說的：「上不
利乎天，中不利乎鬼，下不利乎人」，見於《天志》、《非攻》
等篇。我認為墨子是在利用神守傳統立說。殷人以「率民以

❶　參見：《孟子·公孫丑下》。
❷　參見：楊向奎，《中國古代社會與古代思想研究》上冊，上海：上
　　海人民出版社，1962 年，第 148–151、214 頁。

事神」著稱，墨子宋人，宋為殷商後裔，這也許是墨子的某些思想和他的祖先有千絲萬縷聯繫的原因。但墨子的尊天事鬼絕不是粗鄙的神學，他所謂天、鬼，不過是社會正義的代名詞，國家法權也是建立在這一基礎上的。樹立了天、鬼的權威，國家法權和社會正義就有了安頓之處，這是一種理性的宗教，繼承了春秋「神，聰明正直而壹者也，依人而行」的思想，墨子真是苦心孤詣！墨子尊天事鬼，並不是叫人們匍匐於天、鬼之下而無所作為，而是強調人為的努力，因此墨子反對命定論而要「非命」。墨子以天、鬼立論，表明了其思想特徵，神守傳統至為明顯。

墨家集團組織嚴密，成員簡直都是敢死隊，能夠赴湯蹈火，首領叫「鉅子」，酷似教主。《墨子》書中《備城門》以下各篇，現代學者多認為晚至漢代，如《迎敵祠》：

敵以東方來，迎之東壇；壇高八尺，堂密八。年八十者八人，主祭青旗青神。長八尺者八，弩八，八發而止。將服必青，其牲以雞。敵以南方來，迎之南壇；壇高七尺，堂密七，年七十者七人，主祭赤旗赤神。長七尺者七，弩七，七發而止。將服必赤，其牲以狗。敵以西方來，迎之西壇，壇高九尺，堂密九。年九十者九人，主祭白旗素神。長九尺者九，弩九，九發而止。將服必白，其牲以羊。敵以北方來，迎之北壇，壇高六尺，堂密六。年六十者六人，主祭黑旗黑神。

> 長六尺者六，弩六，六發而止。將服必黑，其牲以彘。

這已經開了道教法師用「避兵」術退敵的先河。

再如《旗幟》：

> 城將為絳幟，長五十尺，四面四門將，長四十尺，其
> 次三十尺，其次二十五尺，其次二十尺，其次十五尺，
> 高無下十五尺。城上吏，置之背，卒于頭上，城下吏
> 卒置之肩，左軍于左肩，中軍置之胸。

其神秘主義性質一望而知。

（四）兵　家

《尚書》有《呂刑》篇，古代兵刑不分，刑書即兵書。齊地有崇祀蚩尤的傳統，蚩尤為戰神，所以無論從兵的傳統，還是刑的傳統，作為炎帝後裔的齊國都是得天獨厚的。所以在春秋末就產生了武聖孫武、著名軍事家司馬穰苴。戰國時的孫臏是孫武的後代，傳其家學。《六韜》多被認為是戰國人附會太公所作，但呂尚作為西周開國元勳本是大軍事家，《御覽》三百四十八曾引《太公兵法》。《史記·齊太公世家》：「周西伯昌之脫羑里歸，以傾商政，其事多兵權與奇計。」《漢書·藝文志》於兵形勢十一家列有《王孫》十六篇，圖五卷。伍

子胥後裔流於齊，稱王孫，則《漢書‧藝文志》之《王孫》
可能為伍子胥後人的兵書。伍子胥又稱申胥，申為炎帝後，
足見伍子胥與炎帝族系的關係。《漢書‧藝文志》載《子晚子》
三十五篇，「齊人，好議兵，與《司馬法》相似」。1972 年，
《孫子》、《孫臏兵法》、《六韜》等竹簡出土於山東臨沂銀雀
山西漢墓。總之，兵家的中心在齊。此時的兵家已經從早期
的「廟算」提升到應付現實戰爭的千變萬化，但仍然不乏神
秘色彩。如《越絕書》卷十五載伍子胥相氣取敵大法：

> 軍上有赤色氣者，徑抵天，軍有應于天，攻者其誅乃
> 身。軍上有青氣盛明，從□，其本廣末銳而來者，此
> 逆兵氣也，為未可攻，衰去乃可攻。青氣在上，其謀
> 未定；青氣在右，將弱兵多；青氣在後，將勇穀少，
> 先大後小；青氣在左，將少卒多，兵少軍罷；青氣在
> 前，將暴，其軍必來。赤氣在軍上，將謀未定。其氣
> 本廣末銳而來者，為逆兵氣，衰去乃可攻。赤氣在右，
> 將軍勇而兵少，卒彊，必以殺降；赤氣在後，將弱，
> 卒彊，敵少，攻之殺將，其軍可降；赤氣在左，將勇，
> 敵多，兵卒彊；赤氣在前，將勇兵少，穀多卒少，謀
> 不來。黃氣在軍上，將謀未定。其本廣末銳而來者，
> 為逆兵氣，衰去乃可攻。黃氣在右，將智而明，兵多
> 卒彊，穀足而不可降；黃氣在後，將智而勇，卒彊，
> 兵少，穀少；黃氣在左，將弱卒少，兵少穀亡，攻之

必傷；黃氣在前，將智勇，卒多疆，穀足而有多為，不可攻也。白氣在軍上，將賢智而明，卒威勇而疆。其氣本廣末銳而來者，為逆兵氣，衰去乃可攻。白氣在右，將勇而卒疆，兵多穀亡；白氣在後，將仁而明，卒少兵多，穀少軍傷；白氣在左，將勇而疆，卒多穀少，可降；白氣在前，將弱，卒亡，穀少，攻之可降。黑氣在軍上，將謀未定。其氣本廣末銳而來者，為逆兵，去乃可攻。黑氣在右，將弱，卒少，兵亡，穀盡軍傷，可不攻自降；黑氣在後，將勇卒疆，兵少穀亡，攻之殺將，軍亡；黑氣在左，將智而勇，卒少兵少，攻之殺將，其軍自降；黑氣在前，將智而明，卒少穀盡，可不攻自降。

此種神秘的軍事思想是楚越之地的特色。

在湖南長沙馬王堆漢墓出土的一幅帛畫（圖 25），題記有「百兵莫敢我〔傷〕」、「武弟子」、「太一」等語，學者稱為《避兵圖》❸。

---

❸　參見：李零，《中國方術考》，北京：東方出版社，2000 年，第 80 頁。

圖 25　馬王堆漢墓出土的一幅帛畫

　　《北堂書抄》引《黃帝兵法》，與上面引用的《墨子·迎敵祠》完全相同。《尉繚子·經卒令》記載用五種顏色標識、管理士卒：「前一行蒼章，置於首；次二行赤章，置於項；次三行黃章，置於胸；次四行白章，置於腹；次五行黑章，置於腰。」《兵教》：「將異其旗，卒異其章，左軍章左肩，右軍章右肩，中軍章胸前，書其章曰，某甲某士。」與《墨子·旗幟》類似，學者傾向於認為《墨子》抄襲了《黃帝兵法》和《尉繚子》。兵家的神守傳統可謂源遠流長。

（五）農　家

我國自古以來以農業立國，對氣候等條件依賴性強，故需要靠史官的特殊本領來幫助農務。甲骨文有卜四方風的記載，這是商代晚期的事。到了春秋時代，則由史官來代替巫師。於此可見由巫而史的演變軌跡。《國語·周語》開始不久就記載虢文公論農業的重要性，以勸諫周宣王「不籍千畝」，他說：

> 夫民之大事在農。……古者，太史順時覗土，陽癉憤盈，土氣震發，農祥晨正，日月底于天廟，土乃脈發。先時九日，太史告稷曰：「自今至于初吉，陽氣俱蒸，土膏其動。弗震弗渝，脈其滿眚，穀乃不殖。」稷以告王曰：「史帥陽官以命我司事曰：『距今九日，土氣俱動，王其祗祓，監農不易。』」王乃使司徒咸戒公卿、百吏、庶民，司空除壇于籍，命農大夫咸戒農用。先時五日，瞽告有協風至，王即齋宮，百官御事，各即其齋三日。王乃淳滌饗禮……及籍……太史贊王……其后稷省功，太史監之……

於此可見國家對時令的重視。史官之所以會在農業中扮演重要作用，是因為「土氣」、氣候等在古代難以測知，非瞽史不可，因為他們是智者，能先知先覺。先秦兩漢的典籍如《逸周書》、《呂氏春秋》、《禮記》、《淮南子》，都有記述時令的專篇。

　　農業既然被認為「土氣」、氣候密切相關，自然要乞求上帝保豐收。據《禮記·月令》在「孟春」之下說，天子乃以元日祈穀於上帝，天子率大臣所耕田千畝，專為祭祀上帝之用，耕田的儀式叫「帝籍」❹，收穫物專門儲存保管，稱為「神倉」。周宣王即位之後「不籍千畝」，虢公文諫曰：「不可！夫民之大事在農，上帝之粢盛於是乎出。」傳統的力量不可小看！

　　到了戰國，出現了一個信奉「神農之言」的許行。神農氏是中國農業傳說中最重要的「農聖」，許行為神農之言，即農家。許行之名不知是否與炎帝後裔許國有關。許國西周時受封於許，許在今河南許昌東部，春秋時曾經向河南、安徽遷徙，戰國初滅於魏。王獻唐指出，許行言神農，許為炎帝後代，故稱本族之事❺。如果許行是許國後裔，他很可能在許滅後入楚。許在「楚文化」圈內，楚國從神守向社稷守過渡的時間較晚，神守傳統濃厚，「楚文化」圈既是道家的搖籃，也是農家的搖籃❻。

---

❹　這種現象也見於美洲，如印加國王親自參加玉米種植典禮。印加統
　　治者既是國家行政首領，也是諸如太陽崇拜和農業等所有公共典禮
　　中的中心人物。作為所有公共典禮中的中心人物，印加統治者成了
　　安第斯地區的人民和天國中天體演化力量之間唯一的仲介。這也是
　　件宗教權促進王權的例子，參見：《古史考》第八卷，海口：海南
　　出版社，2003年，第80–81頁。

❺　參見：王獻唐，《炎黃氏族文化考》，濟南：齊魯書社，1985年，第
　　7頁。

（六）陰陽家

陰陽是按能否見著太陽光來區分的，能見著太陽的一面為陽，不能見著太陽的一面為陰。《詩經・大雅・公劉》歌頌周人祖先公劉率領周人遷往豳地居住，「既景乃岡，相其陰陽，……度其夕陽」，都是觀察太陽的向背。《易經》的六十卦都是由陰爻、陽爻（-- —）組合而成，《莊子・天下》說「《易》以道陰陽」，這裏的陰陽已經上升到哲學意味了。《老子》一書中的「萬物負陰而抱陽」，已經把陰、陽作為萬事萬物兩種對立的性質。

五行，從《尚書・洪範》、《左傳》等書來看，最初指水、火、木、金、土五種物質，所以又叫「五材」。春秋時已有將「五」整齊化、神秘化的傾向，五行常與五味、五色、五聲相提並論。戰國中期儒家思孟學派的新五行說具有神秘色彩，已如上述。五行說提供了一種思想框架，既可向唯物的方面發展，也可向唯心的方面演繹。向唯心的方面演繹，戰國末年的齊人鄒衍據此解釋人類社會的發展過程，認為某一王朝的產生，必然與水、火、木、金、土這「五德」中的某一德對應，王朝的更迭按照水、火、木、金、土「五德」輪轉（「終始」）。這是一種典型的循環論和宿命論。按照五德的轉移，

---

❻ 《孟子・滕文公下》載齊國大貴族陳仲子夫婦自食其力，遭到荀子的批判，可見戰國時自耕自種的風氣，在貴族中尚存。

夏商周三個王朝「符應若茲」，即火（周）剋金（商），金（商）
剋木（夏）。「五德」又有相勝、相生之別，不勝其異。鄒衍
的五德終始說在秦漢找到了知音❼。漢代圍繞漢朝究竟是繼
承秦的德（水）還是周朝的德（火），喋喋不休，這與基督教
哲學家討論一個針尖上到底能站多少個天使，可謂異曲同工。

　　鄒衍的「五德終始」說表明諸子百家的創新精神走到了
末路，朝神守傳統回歸了。現將《漢書·藝文志》所著錄的
陰陽家著作抄錄如下（括弧中的文字為《漢書》原文所有）：

　　　《宋司星子韋》三篇（景公之史）

　　　《公檮生終始》十四篇（傳鄒奭始終書）

　　　《公孫發》二十二篇（六國時）

　　　《鄒子》四十九篇（名衍，齊人，為燕昭王師，居
　　　稷下，號「談天衍」）

　　　《鄒子終始》五十六篇

　　　《乘丘子》五篇（六國時）

　　　《杜文公》五篇（六國時）

　　　《黃帝泰素》二十篇（六國時韓諸公子所作）

　　　《南公》三十一篇（六國時）

　　　《容成子》十四篇

　　　《張蒼》十六篇（丞相北平侯）

　　　《鄒奭子》十二篇（齊人，號曰「雕龍奭」）

　　　《閭丘子》十三篇（名快，魏人，在南公前）

---

❼　《太平經》開篇即大談三統。

《馮促》十三篇（鄭人）

《將鉅子》五篇（六國時，先南公，南公稱之）

《五曹官制》五篇（漢制，似賈誼所條）

《周伯》十一篇（齊人，六國時）

《衛侯官》十二篇（近世，不知作者）

《于長天下忠臣》九篇（平陰人，近世）

《公孫渾邪》十五篇（平曲侯）

《雜陰陽》三十八篇（不知作者）

以上《諸子略》陰陽家二十一家，三百六十九篇

《太壹兵法》一篇

《天一兵法》三十五篇

《神農兵法》一篇

《黃帝》十六篇（圖三卷）

《封胡》五篇（黃帝臣，依託也）

《風后》十三篇（圖二卷，黃帝臣，依託也）

《力牧》十五篇（黃帝臣，依託也）

《鵊冶子》一篇（圖一卷）

《鬼容區》三篇（圖一卷，黃帝臣，依託）

《地典》六篇

《孟子》一篇

《東父》三十一篇

《師曠》八篇（晉平公臣）

《萇弘》十五篇（周史）

《別成子望軍氣》六篇（圖三卷）

《辟兵威勝方》七十篇

以上《兵書略》陰陽家十六家，二百四十九篇

《泰一陰陽》二十三卷

《黃帝陰陽》二十五卷

《黃帝諸子論陰陽》二十五卷

《諸王子論陰陽》二十五卷

《太元陰陽》二十六卷

《三典陰陽談論》二十七卷

《神農大幽五行》二十七卷

《四時五行經》二十六卷

《猛子閭昭》二十五卷

《陰陽五行時令》十九卷

《堪輿金匱》十四卷

《務成子災異應》十四卷

《十二典災異應》十二卷

《鍾律災異》二十六卷

《鍾律叢辰日苑》二十三卷

《鍾律消息》二十九卷

《黃鍾》七卷

《天一》六卷

《泰一》二十九卷

《刑德》七卷

《風鼓六甲》二十四卷

《風后孤虛》二十卷

《六合隨典》二十五卷

《轉位十二神》二十五卷

《羨門式法》二十卷

《羨門式》二十卷

《文解六甲》十八卷

《文解二十八宿》二十八卷

《五音奇胲用兵》二十三卷

《五音奇胲刑德》二十一卷

《五音定名》十五卷

　　以上《數術略》五行家三十一家，六百五十二卷

此外如《數術略》醫經、房中兩門亦大抵屬此類，觀今所傳《黃帝內經》可知。即以此三門而論，為書一千三百餘篇，對於《藝文志》總數一萬三千二百六十九卷，已占十分一而強。其實細繹全志目錄，揣度其與此等書同性質者，恐占四分之一乃至三分之一，近代啟蒙思想家梁啟超認為「學術界之恥辱，莫此為甚矣」❽。其實就潛流來說，神守傳統留下的神秘主義思潮在先秦秦漢可以說是大海，諸子百家只是露出水面的冰山，不能以他們為坐標衡量思想的高深與淺薄。強大的神秘主義潛流必然推動出大的宗教，也就是說，宗教

---

❽　參見：梁啟超，〈陰陽五行說之來歷〉，《古史辨》（修訂本）第五冊，海口：海南出版社，2005年，第207頁。

的產生是必然的。古今中外都發生過多種消滅宗教的事件，但最終沒有消滅宗教。不少人相信，隨著科學的發達，必將取消宗教。可是時至今日，人類進入資訊社會，科學不能說不發達，而宗教也沒有被取代。看來對宗教的人為干涉最多只能起一些抑制作用，並不能從根本上消滅宗教。弗雷澤就說過：「宗教的優勢只能抑制，卻不能根除。」❾人類早在舊石器時代就在探索精神空間，宗教是精神空間的重要形態，不可能消滅，也沒有必要消滅。

本章圖片來源

圖 24　朱鳳翰,《中國古代青銅器》, 天津: 南開大學出版社, 1995 年, 第 550 頁插圖七·二四。

圖 25　周世榮,〈馬王堆漢墓的「神祇圖」帛畫〉, 收錄於《考古》1990 年第 10 期, 第 926 頁圖 1。

❾　參見: 弗雷澤,《金枝》上冊, 北京: 中國民間文藝出版社, 1987 年, 第 159–160 頁。

第四章

秦漢神守傳統的復活

推行中道與下臣謀反沒有任何關係，夏侯勝一
定要將二者聯繫起來，體現的是漢代以災異說
經的風氣。以後災異日盛一日，一塊石頭，一
條蛇，都足以使漢家天子膽戰心驚！更不用說
洪水、大旱、日蝕、地震了。在災異思想的大
氣候下，社會上最卓越的知識分子也染上方術
色彩。

經過春秋戰國諸子百家的短暫繁榮，人文主義蓬勃興起。
同時，神秘主義思潮依然存在。正如《史記・天官書》所說：
「田氏篡齊，三家分晉，並為戰國。爭於政權，兵革更起，
城邑數屠，因以饑饉疾疫焦苦，臣主共憂患，其察機祥候星
氣尤急。」病急亂投醫，於是察機祥、候星氣等神秘主義活動
大行其道。一進入秦漢，專制皇權扼殺自由思想，百家爭鳴
的時代一去不復返，低層次的思想泛起，整個社會跌入神秘
主義的深淵。秦王朝利用鄒衍五德終始說，宣稱得水德之運，
作為新興政權合法性的依據。這種依據本質上是一種神學，
與西周的天命論性質相同。1975 年，湖北雲夢縣睡虎地秦墓
出土竹簡一千一百多枚，以律令文書為主。還有預測吉凶的
《日書》，想必像現在的農民曆一樣，是官吏的工作手冊。遇
到征伐作戰、抓捕盜賊、審理訴訟之類的事，必須先翻翻《日
書》，以便胸有成竹。《日書》甲種的主要標題有：徐、秦除、
稷辰（叢辰）、反枳、玄戈、歲、星、啻、生子、人字、取妻、
吏、夢、詰、盜者、馬、病、室忌、土忌、直室門、門、作
事、作女子、毀棄、行、禹須臾、歸行、到室、飼父母良日、
人良日、馬良日、牛良日、羊良日、犬良日、雞良日、禾良
日、囷良日、田忌、五種忌、市良日、金錢良日、衣等等。
《日書》乙種主要標題有：徐、秦、有疾、病、室忌、蓋屋、
蓋忌、垣牆日、除室、穿戶忌、穿人室、行日、行者、行祠、
行行祠、祠、祠室中日、祠戶日、祠門日、祠行日、祠五祀
日、五種忌日、五穀良日、五穀日、木良日、馬良日、牛良

日、羊良日、豬良日、犬良日、雞良日、園忌日、人日、男子日、女子日、裁、初冠、入官、夢、生、家子□、不可取妻、亡日、亡者、見人、失火、盜等等。真是五花八門。

　　秦王朝只維持了十五年就滅亡了，代之而起的劉邦漢王朝真可謂百廢待興，貴為帝王將相，卻只能乘牛車，新興王朝亟需休養生息，「黃老之學」受到重視。「黃老之學」的「黃」指黃帝，「老」指老子。早在戰國之世，「世之所高，莫如黃帝」。黃帝被塑造為各族人的祖先，又是百科全書式的發明家，還有升仙的傳說。司馬遷寫《史記》之《五帝本紀》時，就深感「百家言黃帝，其文不雅馴，搢紳先生難言之。」而依託黃帝的著述五花八門，據《漢書・藝文志》，道家、陰陽家、小說家、兵陰陽、天文、曆譜、五行、雜占、醫經、房中、神仙諸類著作，無不有託名黃帝的。老子呢，雖然主張清淨無為，卻很早受到法家的青睞。法家的「法哲學」必然追溯到「道」，註定要取材「道家」。法家鉅子韓非作有《解老》、《喻老》專篇，司馬遷說他「喜刑名法術之學，而其歸本於黃老。」可見戰國末期的「黃老」本質上是一種政治思想，《漢書・藝文志》道家類所著錄《黃帝君臣》十篇。班固自注：「起六國時，與《老子》相似也。」「黃老」即君人南面之術，到西漢成為帝王將相的政治學。難怪《史記》記載竇太后「好黃帝老子之言」，丞相陳平「治黃帝老子之書」。1973 年在長沙馬王堆漢墓出土的帛書，有《經法》、《十六經》、《稱》、《道原》四篇古佚書，抄寫於漢初惠帝至文帝時，可能成書於戰

國末，有學者認為即《漢書·藝文志》道家類所著錄的《黃帝四經》。漢初在戰亂之後出現「文景之治」，得益於這種清靜無為的政治學。

到漢武帝就不同了。像秦始皇一樣，漢武帝是在政治上野心勃勃、喜好武功，在思想上卻又毫無主見，被方士利用甚至戲弄。例如他熱衷求仙，妄圖長生不老。在漢武帝向倪寬諮詢封禪的儀式，作為儒生，倪寬也承認「然享薦之義，不著於經」，認為只要天子有盛德，就會感動上天，就有資格「封禪告成」，鼓動漢武帝自作主張，這種建議居然得到漢武帝的同意，「乃自製儀，采儒術以文焉。」這個「文」字把儒術的粉飾作用揭示得異常清楚，漢武帝以獨尊儒術著稱，但儒術不過是統治者粉飾太平的工具。給武帝上天人三策、被後世推為「醇儒」的董仲舒，也以大談天人感應、災異而著稱。《漢書·五行志》說：「漢興，承秦滅學之後，景武之世，董仲舒治《公羊》《春秋》，始推陰陽，為儒者宗。」他的「推陰陽」，從他的《春秋繁露》一書的篇目就一目了然：

《五行對》第三十八

《五行之義》第四十二

《陰尊陽卑》第四十三

《王道通三》第四十四

《天辨在人》第四十六

《陰陽位》第四十七

《陰陽終始》第四十八

《陰陽義》第四十九

《陰陽出入》第五十

《天道無二》第五十一

《暖燠孰多》第五十二

《基義》第五十三

《同類相動》第五十七

《五行相生》第五十八

《五行相勝》第五十九

《五行逆順》第六十

《治水五行》第六十一

《治亂五行》第六十二

《五行變救》第六十三

《五行五事》第六十四

《天地之行》第七十八

《如天之為》第八十

《天地陰陽》第八十一

此外，如《求雨》、《止雨》諸篇，簡直是向巫術回歸。

在這言必稱陰陽的時代，司馬遷可以說是特立獨行。自繼承父親司馬談擔任太史令之後，司馬遷即以紹述歷史為己任，他說：

先人有言：「自周公卒五百歲而有孔子。孔子卒後至于今五百歲，有能紹明世，正《易傳》，繼《春秋》，本

《詩》《書》《禮》《樂》之際?」意在斯乎! 意在斯乎!
小子何敢讓焉。

「五百歲」是古人津津樂道的神秘數字, 孟子就曾斷言
「五百年必有王者興」。其實自孔子卒至司馬遷的時代不足五
百年, 司馬遷認為到他那裏是一大際會, 以此自勉, 認為自
己的「論著歷史」是接續六經的神聖文化事業, 雖遭最受侮
辱的腐刑而不屈不撓。司馬遷隱隱以他的《太史公書》與《春
秋》相提並論, 這在當時依然是一個相當敏感的問題, 因為
按傳統的說法,《春秋》不僅為孔子所作, 而且是為後王制法,
難道說司馬遷也要為漢制法, 以聖人自居嗎? 難怪司馬遷的
「五百歲」說當時就受到質疑。漢代的思想界受「三統」「五
行」的籠罩, 司馬遷同樣認為「三」「五」是兩個神秘數字,
《史記·天官書》說:

> 夫天道三十歲一小變, 百歲中變, 五百歲大變, 三大
> 變一紀, 此其大數也。為國者必貴三五。為天數者,
> 必通三五。終始古今, 深觀時變, 察其精粗, 則天官
> 備矣。

基於這種認識,《天官書》對宇宙的描述簡直是人世間的
縮影。司馬遷特別重視星球的運行變化, 例如, 他在《天官
書》中說:「余觀史記, 考行事, 百年之中, 五星無出而不反

逆行，嘗盛大而變色；日月薄蝕，行南北有時：此其大度也。」
因為「天」「人」息息相關。楊向奎早在 1979 年就指出，司
馬遷與公羊學有很深的關係，他以「五百歲」自命，這是接
受了董仲舒的影響而鼓吹「天人之學」，除了因五行以道機祥
外，他又把《易》和《春秋》聯繫起來，公羊學以《易》代
表天道，以《春秋》專講人事；《易》以道天地的變化，《春
秋》以辨人事的是非，而人間是非是與天道變化分不開的，
這樣天人的相應，也是《易》與《春秋》的結合。這就是他
們的「天人之際」，也就是「天人之學」。就太史公父子所嚮
往的封禪而論，楊向奎指出這本來是：神→巫→史的職守❶。
司馬遷的史學已經是極為成熟的歷史學，我們依然能發現某
些神守傳統。

　　漢武帝在位日久，他特別喜歡改元，大概是面對頻繁的
政治失策，想通過新的年號重新開始。其實早在漢文帝致匈
奴書中，已強調「聖人者日新，改作更始」。整個漢代，特別
是到了危機關頭，都在謀求「改作更始」。顧頡剛認為年號的
創始，起於武帝獲麟，其後得鼎而改元元鼎，再後是封禪而
改元元封，那麼年號制度「是從武帝的封禪和求仙來的」❷。
漢武帝死，昭帝繼位；昭帝崩，昌邑王嗣立，多次離開皇宮。

❶ 參見：楊向奎，〈司馬遷的歷史哲學〉，北京：《中國史研究》，1979
　 年第 1 期。

❷ 參見：顧頡剛，《秦漢的方士與儒生》，上海：上海古籍出版社，1998
　 年，第 19–20 頁。

夏侯勝諫曰：「天久陰而不雨，臣下有謀上者，陛下欲出何之？」大將軍霍光聞後大驚，因為他與車騎將軍張安世密謀廢黜昌邑王，從此更加重視「經術士」。此「經術士」似應作「經士、術士」理解，二者並列，恐難區分，如尚書學經師夏侯勝以災異說經，簡直是「經士、術士」一身二任。夏侯勝作預言是根據《洪範五行傳論》，《洪範》共九章，第五是「建用皇極」，「皇極」相當於夏侯勝的再傳弟子孔光所說的「大中之道」。推行中道與下臣謀反沒有任何關係，夏侯勝一定要將二者聯繫起來，體現的是漢代以災異說經的風氣。以後災異日盛一日，一塊石頭，一條蛇，都足以使漢家天子膽戰心驚！更不用說洪水、大旱、日蝕、地震了。在災異思想的大氣候下，社會上最卓越的知識分子也染上方術色彩。

　　昭帝崩，無嗣，最終繼皇帝位的是宣帝。這位被認為是可與殷高宗、周宣王相提並論的「中興」之主，上臺後「復興神仙方術之事」，孟喜、京房的神秘主義易學開始流行，至元帝時更盛，災異家更加活躍。元帝承認整個社會的局勢「亦極亂耳，尚何道！」接元帝下來的「成、哀之際」即成帝和哀帝統治時期，是災異頻仍的時代。曾向元帝上長書、講述「和氣致祥，乖氣致異」等道理的宗室劉更生，在成帝時改名為向。當時多次出現大的災異，劉向認為是外戚貴盛、王鳳兄弟用事引起的。劉向主持校王室五經秘書時，見《尚書‧洪範》箕子（商朝末代貴族）為武王陳五行陰陽休咎之應，就搜集上古以來，春秋、六國和秦漢的符瑞災異之記，「推跡行

事，連傳禍福，著其占驗，比類相從，各有條目，凡十一篇，
號曰《洪範五行傳論》」，獻給皇帝。天子心知劉向忠精，是
針對王鳳兄弟的，但終究不能奪王氏一夥的權。可憐這位經
常整夜觀察星宿、為漢家氣運著想的學術大師終生鬱鬱不得
志，他死後十三年，漢家就被王莽取代了。《洪範五行傳論》
大部分保存在班固《漢書·五行志》中，分量相當大，當之
無愧地成為兩漢以災異說經的集大成之作。劉向的三個兒子
都好學，而以劉歆最知名。這位大學問家曾經作土龍求雨，
又相信方士的虛言，謂神仙可學。

　　哀帝崩，早已對漢家虎視眈眈的王莽，直至當上「攝皇
帝」。成帝時的丞相翟方進的兒子翟義看出了王莽的野心，起
兵討伐，最後兵敗，王莽不用「大懼」了，他已經不滿足「攝
皇帝」，要做真皇帝了！取國號為「新」。由攝到真的依據，
他依然是在五德終始和三統說上下工夫。五德說認為每一個
政權的興起，都是得了土、金、木、水、火中的某一「德」；
三統說認為歷代帝王之所以能成為帝王，都是因為得黑統、
白統、赤統中的某一統。漢高祖上臺，自認水德，但秦朝是
水德，漢朝是取秦而代之的，豈能自認亡國之朝的水德？因
此儒生群起爭論，好不容易才改為土德。漢武帝於太初元年
改制，取了三統說中的黑統，又取了五德說中的土德。王莽
接受所謂禪位，就取了三統說的白統，但保留了土德。他在
詔書裏稱自己是黃帝的後代，虞帝的苗裔，黃帝、舜都是土
德。這樣實際上已把漢朝置於火德，按五行說，土勝火，王

莽就可以接受漢家的禪位了。再從《尚書·康誥》來看，原
文說：「王若曰：『孟侯，朕其弟，小子封』」，王莽認為文中
的「王」是周公，這正是周公居攝稱王之文。

　　王莽做夢也沒有想到，他將劉漢安排為火德，後來竟成
為埋葬他的口實。南陽有位劉秀，是漢高祖的九世孫。他降
生時，有赤光照耀室中，這赤光暗示這位新生兒註定要恢復
漢家的火德，從新莽手中奪回政權。在王莽做皇帝的第六年，
劉秀到首都長安學習，讀的是《尚書》。地皇三年(西元 22 年)，
南陽鬧饑荒，盜賊蜂起。有一個叫李通的人遞給他一份圖讖，
上寫「劉氏復起，李氏為輔」，勸劉秀起兵。劉秀起兵時，遠
望舍南火光沖天，這不是說明劉秀有恢復火德的使命又是什
麼？亂世是受冒險家歡迎的時代，打了三年仗，劉秀已經很
有勢力，他手下的人勸他乾脆稱帝。剛好他原來在長安的同
學強華從關中帶來《赤伏符》，上寫：「劉秀發兵捕不道，四
夷雲集龍鬥野，四七之際火為主。」這再次暗示劉秀將以火德
為天子。於是劉秀稱帝，逐步剷除各方勢力，定都洛陽，取
火德，色尚赤。但四川一帶的公孫述不服氣，他也稱帝，認
為繼王莽土德之後該金勝土，因此他自認金德，色尚白，他
也掌握了一些有利於自己的圖讖，劉秀寫信與他辯論，公孫
述哪裏聽得進去？劉秀最後還是靠武力將對方消滅。公孫述
有一位部將楊春卿也跟著倒了霉，他擅長圖讖學，自殺前告
訴他的兒子楊統有一本祖傳秘記，為漢家用，勉勵他好好學
習這本書。於是楊統離家從周循學習先法，又跟鄭伯山學習

河洛書及天文推步之術。後來他當上彭城令，一州大旱，楊統推陰陽消伏，縣界蒙澤。太守宗湛派楊統求雨，也很有效。從此朝廷發生災異，多來問他。楊統作《家法章句》及《內讖》二卷解說。「河洛書」是依託《尚書・洪範》所謂河圖、洛書而來，這時的經學完全方術化了。楊統的兒子楊厚繼承家學，精力思術。又修黃老之術，教授門生，上名祿者三千餘人。

　　圖讖都是作神秘的預言，加上據說是幫助理解「經」書的「緯」書，把兩漢之交的思想搞得一塌糊塗，上至皇帝，下至普通老百姓，都大談讖緯。許多經師不僅以災異說經，甚至以讖緯說經。光武帝上臺，圖讖起了很大的作用，他害怕別人如法炮製（公孫述已是教訓），就禁止圖讖，提倡儒學，但以災異說經的風氣依然如故。漢章帝要效法西漢漢宣帝論六經於石渠，與廣平王羨及諸儒樓望、成封、桓郁、賈逵等，在白虎觀論定五經同異，《白虎通義》就是班固根據這次會議撰集的。該書兼收並蓄，充滿神學氣息。繼和帝之後進入安帝統治時期，這時出現了一位號稱「關西孔子」的經師楊震，當時安帝乳母王聖一夥得勢，楊震利用發生地震的機會，再次給皇帝上書，稱：「臣蒙恩備臺輔，不能奉宣政化，調和陰陽。」楊震當時任太尉，可見兩漢大臣都有「調和陰陽」的責任。可憐這樣一位忠臣最後被奸臣逼得飲鴆而死！

　　據《後漢書・張衡傳》，光武善讖，被明帝、章帝繼承。中興之後，「儒者爭學圖緯，復附以妖言。」東漢諸儒以七緯

為內學，以六經為外學，以博通內外學為榮。如順帝時扶鳳法真「博通內外學」。何休是公羊學大師，他也注訓風角、七分。鄭玄是古文學大師，他也注緯書。周舉是順帝時博學洽聞的經師，京師為之語曰「五經縱橫周宣光」。陽嘉三年（西元 134 年），受司隸校尉左雄的推薦，徵拜尚書，與僕射黃瓊同心輔政，名重朝廷，左右憚之。周舉勸天子力行節欲，因為女為陰，現在陽多陰少，故有大旱，因此周舉主張把多餘的婦女放出宮，解決老而無妻的問題，達到陰陽平衡。他的同僚黃瓊見災異不斷，也給順帝上書說：「間者以來，卦位錯謬，寒燠相干，蒙氣數興，日闇月散。原之天意，殆不虛然。陛下宜開石室，案河、洛，外命史官，悉條上永建以前至於漢初災異，與永建以後訖於今日，孰為多少。又使近臣儒者參考政事，數見公卿，察問得失。」石室是王室藏書的地方，河、洛即「河圖洛書」，可見朝廷也是極端重視災異之書的。黃瓊推薦黃錯等人「助崇大化」，再次說明兩漢大臣有調理陰陽的職責，黃瓊就因桓帝時發生的兩次地震而被兩次免職❸。靈帝時在御座出現一條青蛇，又有大風、冰雹，沒過幾年，有虹蜺白天降於嘉德殿前，靈帝認為是不祥之兆，派人找楊賜、蔡邕等人詢問。楊賜對曰：

> 臣聞之經傳，或得神以昌，或得神以亡。國家休明，
> 則鑒其德；邪辟昏亂，則視其禍。今殿前之氣，應為

---

❸　參見：范曄，《後漢書‧左周黃列傳》。

　　虹蜺，皆妖邪所生，不正之象，詩人所謂螮蝀者也。
于《中孚經》曰：「蜺之比，無德以色親。」方今內多
嬖幸，外任小臣，上下并怨，喧嘩盈路，是以災異屢
見，前後丁寧。今復投，可謂孰矣。案《春秋讖》曰：
「天投蜺，天下怨，海內亂。」加四百之期，亦復垂及。
昔虹貫牛山，管仲諫桓公無近妃宮。《易》曰：「天垂
象，見吉凶，聖人則之。」

　　楊賜是楊震的孫子，他父親楊秉在桓帝時因為精通《尚
書》被徵入皇宮勸講，楊家三代傳《尚書》，楊秉還精通《京
氏易》，楊震論地震、楊秉諫桓帝微行（著便裝出宮）只引經
典，楊賜則大量引用緯書，經師們以災異說經的風氣是一天
比一天盛了！桓帝時的公沙穆，習《韓詩》、《公羊春秋》，尤
銳意河、洛推步之術。他當弘農令時，縣界有螟蟲食稼，百
姓惶懼。公沙穆設壇謝曰：「百姓有過，罪穆之由，請以身禱。」
這完全是商湯禱雨的故事❹，不料在一兩千年後重演！兩漢
的災異思想再往前走一步，就產生了道教；在此之前，東漢
人已經接受了佛教，因為在當時的人看來，道教和佛教、黃
老也沒有什麼區別❺！例如光武帝的兒子楚王英喜好黃老之

----

❹　商朝大旱，商朝第一個國王湯以自己的生命作代價而祈雨，說：「余
　　一人有罪，無以萬夫；萬夫有罪，在余一人」。

❺　《孔子家語・觀周》：孔子觀周，遂入太祖后稷之廟，廟堂右階之
　　前，有金人焉，三緘其口，而銘其背曰：「……強梁者不得其死，

學，為浮屠齋戒祭祀。桓帝「好神仙事」，於是祭祀老子、黃帝，又祭祀浮屠，還派人到蒙縣祭祀傳說中的仙人王子喬之墓。

好勝者必遇其敵。盜憎主人，民怨其上，君子知天下之不可上也，故下之。知眾人之不可先也，故後之。溫恭慎德，使人慕之。執雌持下，人莫踰之。人皆趨彼，我獨守此。人皆或之，我獨不徙。內藏我智，不示人技，我雖尊高，人弗我害，誰能於此。江海雖左，長於百川，以其卑也。天道無親，而能下人，戒之哉！」金人必是受人崇拜的神，金人銘完全是一派《老子》之言。《孔子家語》成書本晚，長期增飾，倒可見出老子也長期受到增飾與神化。

第五章

道教起源的外因

貴族和平民的起事，都是試圖以宗教手段把自己說成是真命天子。特別值得注意的是東漢之初的李廣等起事，自稱「南嶽大師」，大師即太師，方詩銘認為「師」應該是「天帝神師」的簡稱，其言極是。東漢初的南嶽即安徽潛山，「南嶽太師」也是原始道教的一種尊貴的稱號，被東漢政府稱為「妖巫」的李廣更是原始道教的領袖之一。李廣起義是史籍所載原始道教的第一次起義。

（一）皇帝的提倡

　　統治者出於統治的需要，或者希望長生不老，或者希望多生兒子，甚至希望把人間的榮華富貴帶到地下，經常是「不問蒼生問鬼神」，這樣的皇帝有一長串：

秦始皇：《漢書·郊祀志》說他「甘心於神仙之道」。《史記·封禪書》說宋毋忌等為方仙道，形解銷化，依於鬼神之事。鄒衍以陰陽主運顯於諸侯，而燕齊海上之方士傳其術不能通，然則怪迂阿諛苟合之徒自此興，不可勝數。自威、宣、燕昭使人入海求蓬萊、方丈、瀛洲，終莫能至，人主莫不甘心。及至秦始皇併天下，至海上，則方士言之不可勝數。據《史記·始皇本紀》，秦朝候星氣的方士多至三百人，始皇「悉召文學、方術士甚眾，……方士，欲練以求奇藥……」

漢初：皇帝、太后提倡黃老思想，但新垣平、齊人少翁、公孫卿、欒大等皆以仙人黃治祭祀事鬼物入海求神採藥貴幸，賞賜累千金。

武帝：頗好方術。欲致蓬萊士，高世比德於九皇，而亦頗採儒術以文之。說只要自己能成仙，拋妻棄子如脫鞋。

昭帝、宣帝：昭帝元鼎、宣帝元封之際，燕齊之間方士言有神仙祭祀致福之術者以萬數。

宣帝：頗好神仙，復興神仙方術之事。

成帝：末年頗好鬼神。

哀帝：博徵方術士。

王莽：數下詔自以當仙。或言黃帝時建華蓋以登仙，莽乃造華蓋九重，高八丈一尺，挽者皆呼「登仙」。日與方士涿郡昭君等於後宮考驗方術，縱淫樂焉。

光武帝：信讖，多以決定嫌疑。

明帝、章帝：光武善讖，明帝、章帝祖述。明帝遣使天竺問佛道法，遂於中國圖畫形象焉。

桓帝：好神，數祀浮圖、老子。

其中明、桓二帝直接與道教的產生有關。明帝聽說西域有神，其名曰佛，於是派遣使者到天竺求道，得佛書及沙門回來。於是中國始傳其術，圖其形像，而王公貴人，獨楚王英最先好之。桓帝祭祀浮圖、老子，加速了老百姓的信奉。此時的「黃老」已經不是戰國、漢初無為而治的哲學和政治思想，而是一種宗教形式。久而久之，「黃老」之「黃」逐漸淡化❶，只剩下「老」了，正像「炎黃」連稱淡化成「黃帝」

❶ 東漢昏君輩出，光武帝尚能審時度勢。建武二十七年（西元51年），臧宮等人上書，主張乘匈奴發生饑疫之時將它滅掉，建萬世刻石之功。詔報曰：「《黃石公記》曰，『柔能制剛，弱能制彊』。柔者德也，剛者賊也，弱者仁之助也，彊者怨之歸也。故曰有德之君，以所樂樂人；無德之君，以所樂樂身。樂人者其樂長，樂身者不久而亡。」光武帝不願遠事邊外，「自是諸將莫敢言兵事者」。黃石公傳說是西漢開國之初名相張良的老師，屬於黃老之學的傳說人物。可見黃老之學在東漢之初還有影響。

獨稱一樣。

（二）民眾起事的刺激

從西漢開始，漢朝已露出走下坡路的徵兆。武帝好大喜功，結果「民力屈，財用竭，因之以凶年，寇盜並起，道路不通。」武帝遷怒於他的丞相，李蔡、嚴青翟、趙周、公孫賀、劉屈氂五位丞相成為刀下之鬼，武帝自己也下輪臺之詔，向臣民道歉，昔日的威風掃地無遺！漢武帝又愛重用張牙舞爪的酷吏，如張湯、王溫舒之流，據《史記·酷吏列傳》：「自從王溫舒等以惡為治，而郡守、都尉、諸侯二千石欲為治者，大抵仿效溫舒，因此激起吏民犯法，盜賊滋起。南陽有梅免、白政；楚有殷中、杜少；齊有徐勃；燕、趙之間有堅盧、范生之屬：大群至數千人，自立名號，攻打城邑，奪取庫兵，釋放死罪，縛辱郡守、都尉，殺二千石，盜賊蜂起，掠奪鄉里。」武帝派御史中丞、丞相長史督察，哪裏管得住，只好派軍隊攻打，斬首大部或至萬餘級；坐連的甚者數千人。歷經數年，雖抓得造反的頭目，可是剩下的散卒又占山為王，王朝無可奈何。於是作《沉命法》曰：「群盜起不發覺，發覺而捕弗滿品者，二千石以下至小吏主者皆死！」其後小吏畏誅，即使有盜不敢發，恐不能得，上下欺騙，躲避懲罰。這些起義的失敗，與沒有形成精神領袖，關係很大。假如出現張角之流的人物，則西漢的歷史恐怕將改寫。

　　王莽篡漢，利用了西周時已經成熟的天命觀，即統治者失「德」，天命就要改易。劉秀趁新莽混亂之機，渾水摸魚，赤裸裸利用圖讖，李通等人就以圖讖遊說劉秀。當劉秀一統天下快成定局時，他原先在長安讀書時的老同學強華自關中奉《赤伏符》曰：「劉秀發兵捕不道，四夷雲集龍鬥野，四七之際火為主。」這是從高祖至光武初算起，合二百二十八年，即四七之際；漢是火德，故火為主也。群臣藉此機會再次鼓動劉秀即皇帝位，因為：「受命之符，人應為大。萬里合信，不議同情，周之白魚，曷足比焉？今上無天子，海內淆亂，符瑞之應，昭然著聞，宜答天神，以塞群望。」原來按緯書所說，周武王討伐殷紂王，渡黃河時，有白魚跳到武王乘坐的船內，長三尺，赤文有字，告以伐紂之意。現在出現了比白魚好得多的符瑞，劉秀豈可辜負眾望？果然，劉秀聽後就即了皇帝位。劉秀的天下本來是用大刀長矛打出來的，可是從起兵到登位，他都以讖緯作為輿論工具，實在是社會風尚逼迫他這樣做，因為民眾堅信只有具備神性的人才有做天子的資格，這是神守時代遺留下來的古老傳統。光武帝時有個思想家桓譚不信讖，差點被光武殺掉。在這樣的圖讖恐怖氣氛中，誰還敢當出頭鳥呢？

　　既然圖讖如此流行，上行下效，「儒者爭學圖緯，兼復附以妖言。」因圖讖或妖言鋌而走險的人不在少數，如：

　　張豐好方術，有道士說他當為天子，並以五彩囊裹石繫之肘，云「石中有玉璽」，張豐信之，遂反。建武四年（西元

28 年)，被光武帝派祭遵擒獲。張豐臨死猶曰「肘石有玉璽」。
旁人為椎破之，才知受騙，仰天歎曰：「當死無恨!」

張滿祭祀天地，自己認為應該當皇帝，也是被祭遵擒獲，
乃歎曰：「讖文誤我!」張滿被斬，妻子兒女遭夷。

最值得注意的是光武帝時卷人（卷地在今河南省鄭州原
武縣西北）維汜「妖言稱神，有弟子數百人，坐伏誅。」後來
他的弟子李廣等宣言維汜「神化不死」，以此發動群眾，於建
武十七年（西元 41 年）聚會徒黨，攻沒皖城，殺皖侯劉閔，
自稱「南嶽大師」，光武帝派張宗率領數千人討伐，被李廣打
敗。於是改派馬援集合諸州之兵萬餘人才將之撲滅。兩年後，
「妖巫」維汜的弟子單臣、傅鎮等復「妖言相聚」，入原武城，
劫持吏人，自稱「將軍」。光武帝派臧宮帶領數千人去鎮壓，
哪知「妖巫」糧食充足，數攻不下，士卒死傷。官兵採取徹
圍、瓦解「妖巫」，結果「賊眾分散」，遂斬單臣、傅鎮等。

章帝時，光武帝的兒子楚王英勾結方士，作金龜玉鶴，
刻文字作為符瑞。永平十三年（西元 70 年），楚王英被告發
與漁陽王平、顏忠等造作圖書，有逆謀，事下案驗。有司奏
楚王英招聚奸猾，造作圖讖，大逆不道。英後來被貶到丹陽，
自殺。

明帝時，光武帝的兒子廣陵思王荆利用西羌反叛之機，
招占星家圖謀不軌。又招呼看面相的說：「我長得像先帝，先
帝三十得天下，我今亦三十，可以起兵嗎?」完全是迫不及待。

章帝時，光武帝的兒子阜陵質王延「招奸猾，作圖讖，

祠祭祝詛。」謀反，他的同夥被殺，延本人被貶為阜陵侯。

和帝時，梁節王暢因多次做惡夢，從官卞忌自稱能使六丁，善占夢。暢之乳母王禮等自稱能見鬼神事，遂一起占氣，祠祭求福。卞忌等向暢獻媚，說他能當天子。暢心喜，與相應答。被朝廷察覺，被削兩縣。

安帝永初三年（西元 109 年），「海賊」張伯路等三千餘人，冠赤幘，服絳衣，自稱「將軍」，攻打濱海九郡，殺朝廷命官。明年，伯路復與平原劉文河等三百餘人稱「使者」，攻厭次城，殺長吏，轉入高唐，燒官寺，釋放囚犯，渠帥皆稱「將軍」，共朝謁伯路。伯路冠五梁冠，佩印綬，黨眾越來越盛。朝廷派出數萬人的兵力鎮壓，部分失敗的起義者逃到遼東海島上，永初五年春被剿滅。

安帝元初三年（西元 116 年），武陵郡的零陵蠻羊孫、陳湯等千餘人，「著赤幘，稱將軍」，燒官寺，抄掠百姓。

沖帝建康元年（西元 144 年），九江徐鳳稱無上將軍，穿上鳳衣絳衣；馬勉稱黃帝，黃衣玉帶玉印，建年號。

質帝永嘉元年（西元 145 年），歷陽華孟自稱黑帝，攻九江。

桓帝建和元年（西元 147 年），陳留群盜李堅自稱皇帝。第二年（西元 148 年），長平陳景自號皇帝子。又南頓管伯稱「真人」，並圖舉兵。

桓帝和平元年（西元 150 年），扶風「妖賊」裴優自稱皇帝。

桓帝延熹八年（西元 165 年），勃海「妖賊」蓋登稱太上皇帝。

桓帝延熹九年（西元 166 年），沛國戴異得黃金印，無文字，與廣陵人龍尚等共祭井，作符書，稱太上皇。

靈帝熹平元年（西元 172 年），會稽「妖賊」許昭起兵句章，自稱大將軍。

獻帝中平五年（西元 189 年），涼州馬相、趙祇等於綿竹縣自號黃巾，旬日之間，破壞三郡，馬相自稱天子。

上述貴族和平民的起事，都是試圖以宗教手段把自己說成是真命天子。特別值得注意的是東漢之初的李廣等起事，自稱「南嶽大師」，大師即太師，方詩銘認為「師」應該是「天帝神師」的簡稱，其言極是。東漢初的南嶽即安徽潛山，「南嶽太師」也是原始道教的一種尊貴的稱號，被東漢政府稱為「妖巫」的李廣更是原始道教的領袖之一。李廣起義是史籍所載原始道教的第一次起義。方詩銘又據《後漢紀》載建武十七年秋七月，「廬江費登等反。虎賁中郎將馬援平之。」「十九年，卷人傅鎮反，臧宮擊之。……賊果破走。」李廣起義在皖城，屬於廬江都，這裏的「廬江費登」，顯然是與李廣同時起義的，也應是維氾的弟子之一❷。這也是正確的推論。「妖巫」們行事必然極為隱秘，隱沒在歷史記載中的不知有多少。

---

❷ 參見：方詩銘，〈黃巾起義先驅與巫及原始道教的關係〉，北京：《歷史研究》，1993 年第 3 期，後收入《古史考》第八卷，海口：海南出版社，2003 年。

　　維汜的弟子起事，有的稱「南嶽太師」，有的稱「將軍」。
張伯路等起事既自稱「將軍」，又自稱「使者」，所謂太師、
將軍、使者，都與道教有關。東漢的「妖賊」造反喜歡自稱
「將軍」。「將軍」，顧名思義，指帶兵打仗的將領。《老子》
一書中已出現「偏將軍居左，上將軍居右」。靠神秘主義上臺
的王莽，「令七公六卿號皆兼稱將軍」，改變了「將軍」一詞
的本義。王莽設置五威將軍，「其衣服依五方之色」，這必然
是根據五德說。這好像是神化「將軍」之始。王莽見四方盜
賊太多，「復欲厭之」，這裏的「厭」即厭勝，即試圖用神秘
主義手段戰勝對方。王莽因此下書說：

> 予之皇初祖考黃帝定天下，將兵為上將軍，建華蓋，
> 立斗獻，內設大將，外置大司馬五人，大將軍二十五
> 人，偏將軍百二十五人，裨將軍千二百五十人，校尉
> 萬二千五百人，司馬三萬七千五百人，侯十一萬二千
> 五百人，當百二十二萬五千人，士吏四十五萬人，士
> 千三百五十萬人，應協於《易》「弧矢之利，以威天下」。
> 予受符命之文，稽前人，將條備焉。

　　於是置前後左右中大司馬之位，賜諸州牧號為大將軍，
郡卒正、連帥、大尹為偏將軍，屬令長裨將軍，縣宰為校尉。
王莽所謂他老祖宗黃帝手下的官吏數都是「五」的倍數，顯
然也是隱喻五德的。為了保住他的江山，又有所謂東嶽太師

立國將軍保東方三州一部二十五郡，南嶽太傅前將軍保南方
二州一部二十五郡，西嶽國師寧始將軍保西方一州二部二十
五郡，北嶽國將衛將軍保北方二州一部二十五郡。王莽讓官
名帶「將軍」字樣，本來就有神秘主義意味，再在「將軍」
之前加「東嶽太師」、「南嶽太傅」、「西嶽國師」、「北嶽國將」
之名，真是神乎其神了。

　　王莽妄圖借神化「將軍」以自保，反對他的也如法炮製。
王莽在位時就有「狂狡之虜或妄自稱亡漢將軍」，翟義乾脆立
東平王雲子信為天子，自號「柱天大將軍」❸，起兵倒莽。
宗室劉茂自號「厭新將軍」，直指王莽的國號「新」。

　　由此可見，到了東漢初年，道教已經產生，並且成為下
層民眾起事的號召。他們或稱「太師」，或稱「將軍」，或稱
為「使者」，都是道教中常見的稱呼。而且維汜的弟子已經達
到數百人的規模，說明道教已經組織化。劉秀利用圖讖上臺，
成者為王；敗者不甘心為寇，必然利用圖讖造反。讖緯書中
有一種提倡禪讓和「革命」的傳統，道教接受過來，就演變
成宗教起義了。張伯路起義時自稱「使者」，即原始道教「天
帝使者」稱號的簡稱。《後漢書·朱儁傳》載「南陽黃巾張曼
成起兵，稱『神上使』」，「神上使」是「天帝神師使者」的簡
稱。更可見張伯路起義為原始道教的發動，是黃巾大起義的
先驅❹。張伯路等「冠赤幘，服絳衣」，儼然道士的作為，開

---

❸　漢靈帝時來達等起事，自稱「柱天將軍」。

❹　參見：方詩銘，〈黃巾起義先驅與巫及原始道教的關係〉，北京：《歷

了張角起兵著黃巾的先河。

（三）社會恐懼失望心理

西漢王朝推崇「黃老」，總算積攢了不少家業，可惜到漢武帝時敗得差不多了。漢武帝死後，昭帝即位，竟有人公開提出漢朝氣數已盡，應該把帝位讓與他人。昭帝元鳳三年（西元前 78 年）正月，在泰山萊蕪山南彷彿有數千人洶洶的聲音，人們前去看熱鬧，發現有大石自立，高一丈五尺，大四十八圍，入地深八尺，三石為足。在大石周圍聚集了數千隻白鳥。同時，在昌邑，有一根倒在地下已經枯萎的社木突然又活了。在皇宮上林苑，有大柳樹斷枯臥地，這時也活了，而且有蟲子吃樹葉留下的洞孔形成了五個字：「公孫病已立。」董仲舒的再傳弟子眭弘從《春秋》推斷，石、柳都屬陰，象徵下民。泰山是王者易姓告代之處。現在大石自立，僵柳復起，非人力所為，說明當有匹夫為天子者。枯社木復生，故廢之家，象徵公孫氏將復興。漢家堯後，有傳國之運。漢帝應當求索賢人，禪與帝位，自己退到一個百里之地，就像殷周二王之後一樣，以承順天命。眭弘託友人將此書上給漢昭帝。眭弘因「妖言惑眾」而伏誅於霍光手下。眭弘雖然伏誅，但要求漢帝禪位的呼聲卻沒有停止。

繼昭帝之後上臺的是宣帝，太中大夫蓋寬饒認為應當繼

承五帝時代傳賢的好傳統，漢家也應當實行禪讓。蓋寬饒當然也逃不出下獄的命運。但宣帝上臺後，居然給眭弘平反，徵眭弘之子為郎，宣稱眭弘所說的「公孫病已」就是自己。在他統治時期，不斷出現鳳凰、神光，原來宣帝跟他的老祖宗武帝一樣好大喜功！但不爭氣的是，地震不斷，弄得宣帝「朕甚懼焉」，宣帝也多次下詔尋求極諫之士，但漢家氣運沒有「中興」起來。作為西漢氣數將盡的重要標誌，哀、平之際出現圖讖，整個社會充斥著盲目迷信和恐懼心理，真是「哀世好信鬼」❺！例如哀帝建平四年（西元前 3 年），關東人民無故驚走，持一枝麻杆或禾杆，轉相傳遞，說是「行西王母籌」，道中相過逢，多至數千人，或披髮赤腳，或夜折關，或逾牆而入，或乘車騎奔馳，以置驛傳行，經郡國二十六郡至京師，不可禁止。民眾又聚會里巷阡陌，設博具，歌舞祠西王母，一直到秋天才停止❻。這大有形成「西王母教」之勢。東漢也有類似的恐慌，如漢桓帝延熹九年（西元 166 年）三月，京師洛陽城中人夜晚無故叫呼，說有火光，轉相驚噪。

　　東漢雖然是漢家王朝、劉姓天下，但它的氣運依然不佳。《後漢書・郎顗傳》載郎顗上書順帝，論七事，其中第七事說：

　　臣伏惟漢興以來三百三十九歲。于《詩》三基，高祖

---

❺　參見：王充，《論衡・解除》。

❻　參見：司馬光，《資治通鑑》卷三十四《漢紀二十六》。

　　起亥仲二年，今在戌仲十年。《詩泛歷樞》曰：「卯酉
　　為革政，午亥為革命，神在天門，出入候聽。」言神在
　　戌亥，司候帝王興衰得失，厥善則昌，厥惡則亡。于
　　《易雄雌秘歷》，今值困乏。

　　郎顗感到「陳引際會，恐犯忌諱」，等於說漢家的氣運已
經到了節骨眼上。他進一步論證說：

　　又孔子曰：「漢三百載，斗歷改憲。三百四歲為一德，
　　五德千五百二十歲，五行更用。」

算來算去，漢家王朝都處於背運。他勸皇帝「改元更始」，以
順天道，這還是西漢的老辦法。
　　民眾對漢朝失去信心，受盡壓榨之後，很容易走向宗教
一途。從思想家王符（約85–162）對當時風政的批評來看，
宗教土壤已很厚實。《後漢書·王符傳》引王符《潛夫論·浮
侈篇》曰：「婦人放棄養蠶織布，而學起巫祝來，鼓舞事神，
以欺誑細民，熒惑百姓妻女。羸弱疾病之家，懷憂憒憒，易
為恐懼，至使奔走便時，去離正宅，崎嶇路側，風寒所傷，
奸人所利，盜賊所中。或增禍重祟，至於死亡，而不知被巫
所欺誤，反而怪事神太晚。又或刻畫好繒，以書祝辭；或虛
飾巧言，希致福祚……。」唱歌跳舞與神溝通，本是巫師的專
長，但巫師在人口中的比例畢竟很少，現在婦女放棄本行，

學巫祝鼓舞事神，則成為社會問題了。好好的絲織品也用於迷信活動，消耗了社會財富。如何解決這樣大的社會問題呢？皇帝拿出早在西漢已成慣例的辦法，即向臣下諮詢災異。如順帝聽說郎顗精於陰陽之學，於陽嘉二年（西元133年）召公車徵郎顗，問以災異。但清醒的思想家已經認識到老辦法不靈了，如張衡在陽嘉三年（西元134年）上書順帝，認為圖緯虛妄，非聖人之書，應該統統禁絕。順帝的繼任者桓帝本好神仙之事，所事的黃老道不僅沒有幫他本人長生不老，而且也沒有為漢王朝消災。這種「黃老道」流行到民間，發生質變，反而埋葬了漢王朝。

再從知識精英來看，他們對政治腐敗的失望，為知識階層接受道教創造了條件。如山陽高平的仲長統，性情淑儻，敢於直言，不矜小節，時人或謂之狂生。每當州郡招聘，就稱病不就。他痛斥國家任用那些貪官污吏，好比派老鼠去守糧倉。他認為投靠帝王者，不過為了立身揚名，可是名不常存，人生易滅，優遊偃仰，可以自娛，不如卜居清曠，以樂其志，論之曰：

安神閨房，思老氏之玄虛；呼吸精和，求至人之彷彿。與達者數子，論道講書，俯仰二儀，錯綜人物。彈《南風》之雅操，發清商之妙曲。逍遙一世之上，睥睨天地之間。不受當時之責，永保性命之期。如是，則可以凌霄漢，出宇宙之外矣。豈羨夫入帝王之門哉！❼

　　一個勇敢的社會批評家、全社會第一流的頭腦都看不到希望,何況勞苦大眾!宗教常被指責充當了麻醉大眾的鴉片,我們可以發問:大眾為何心甘情願地接受這種鴉片?

---

❼　參見:范曄,《後漢書‧仲長統傳》。

第六章

道教内容的完備及其繼承性

鎮墓文的末尾經常煞有介事地綴以「如律令」、「急急如律令」，以表明鎮墓文就像人間的官方文書一樣有效。早期道經已講解謫，如《太平經》說：「病人之家，當為解陰解謫，使得不作；謫解得除之，不解其謫，病者不止，復責作之。」

前面曾經敘述，春秋的史官仍帶有神巫傳統，表現在祭祀、天象、農業、論病等許多方面。這些內容由漢代的道教徒繼承並且發揮得淋漓盡致。例如治病，正是吸引信徒的絕好手段。太平道創始人張角就是令弟子「跪拜首過，符水咒說以療病，病者頗愈，百姓信向之。」張修的五斗米道置「鬼吏」為病人請禱，書寫病人姓名，表達服罪之意。作三通，其中一通上之天，著山上，其中一通埋之地，其中一通沉之水，謂之「三官手書」❶。道教吸收了古老的巫術並加以改造，形成了一套龐雜的說教。

（一）解　謫

在兩漢神神鬼鬼的大氣候下，東漢初出現了一位「疾虛妄」的思想家王充，他生於光武帝建武三年（西元 27 年），死於章帝章和二年（西元 88 年）。其代表作《論衡》中有《解除》一篇，批評了當時「解除可以去凶」的信仰。今人蔣祖怡認為《解除》屬於「譏時」一類，為王充二十餘歲的作品❷。如按此說，《解除》等篇寫於光武帝末年。那麼解除之風在東

---

❶　張角起事，稱「天公將軍」，他的弟弟張寶稱「地公將軍」，另一個弟弟張梁稱「人公將軍」。天、地、人在《周易》裏被稱為三才。天、地、人「三公」與張修的「三官」理念相通。

❷　參見：蔣祖怡，《王充卷》，河南：中州書畫社，1983 年，第 82-87頁。

漢開國不久就形成了。這也是將道教的起源提早到東漢初年
的證據之一。

至遲到和帝時（西元 89–105 年在位，與光武隔明帝、章
帝二帝），解除之風則有實物可按。1973 年在陝西寶雞鬥雞
臺採集的一件漢和帝永元四年（西元 92 年）陶罐（圖 26），
上面的朱書文字絕大部分已經脫落，但「北斗」、「天帝」、「如
律令」等詞句尚可辨。

圖 26　東漢解謫陶罐

　　1970 年在寶雞發現的漢靈帝光和年間漢墓，有一件陶瓶腹部有朱書文字（圖 27），有「黃神北斗」、「八魁」、「八宿五行」等語，用詞與鬥雞臺陶罐相似。說明這不是偶然的現象。

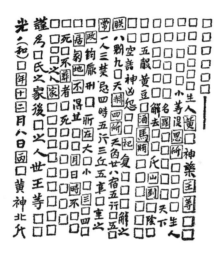

圖 27　　東漢解謫陶瓶

　　因為這種陶瓶上面有為死者祈禱解罪的文字，早期研究者如羅振玉稱為「鎮墓文」。他說：「東漢末葉，死者每用鎮墓文，乃方術家言。皆有天帝及如律令字，以朱墨書於陶瓿者為多，亦有石刻者，猶唐之女青文也。」❸這類鎮墓文現在

---

❸　參見：羅振玉，《貞松堂集古遺文》第十五卷，北京：北京圖書館出版社，2003 年。

有三十多件，時代從和帝、順帝、桓帝、靈帝到獻帝，大多有紀年。「鎮墓文」的常用語是「為死人解適」，吳榮曾引《漢書・陳勝傳》「適戍之眾」顏師古注：「適讀曰謫，謂罪罰而行也。」而鎮墓文中把「死者解適」和「生人除罪過」相對應，因此，解適即解謫❹。這類鎮墓瓶有的自名「解注瓶」（圖28-1），「解注」當為「解謫」之音變。鎮墓文的末尾經常煞有介事地綴以「如律令」（圖28-2）、「急急如律令」，以表明鎮墓文就像人間的官方文書一樣有效。早期道經已講解謫，如《太平經》說：「病人之家，當為解陰解謫，使得不作；謫解得除之，不解其謫，病者不止，復責作之。」❺

還有一種買地券，是為死人在陰間置地的文書，至今風行於中國農村。1974 年在洛陽清理的東漢靈帝光和二年（西元 179 年）王當墓，出土買地鉛券（圖29），有二百五十餘字，字劃裏隱約可見塗朱痕跡。其中說立四角封界，希望王當和他的兄弟、父親得到保護。桓帝延熹四年（西元 161 年）鐘仲遊妻買地券末尾說：「有天帝教如律令」，完全是解謫瓶文一類的語氣。世界各宗教都曾積極參與人類的葬事活動，道教也不例外。宗教滲透到人們的生活之中，無疑會推動它的流傳。

---

❹ 參見：吳榮曾，〈鎮墓文中所見到的東漢道巫關係〉，北京：《文物》，1981 年第 3 期，後收入《古史考》第八卷，海口：海南出版社，2003 年。

❺ 參見：王明，《太平經合校》，北京：中華書局，1979 年，第 624 頁。

1

2

圖 28　東漢解謫瓶

圖 29　王當墓買地鉛券

（二）符　籙

　　早在商周王朝，青銅器銘文末尾常綴以圖畫形的文字，現在的研究者多數同意這是族徽。《墨子·非攻下》說在周文王滅殷之前，有赤鳥銜珪，有的書引作「銜書」，或引作「赤鳥銜丹書」，西漢末出現的緯書作「赤雀銜丹書」。與族徽標識氏族、丹書顯示徵兆不同，「符」是用圖畫或詭異的文字表示神力，作為溝通人間和超人間的手段。1975 年在湖北雲夢縣睡虎地秦墓出土大批竹簡，除法律文書外，還有反映民間信仰的《日書》，已經提到「禹符」、「投符」、「告符」。著名的湖南長沙馬王堆漢墓帛書，其中被定名為《五十二病方》者，講到燔符治病。道教的符籙利用了傳統的神秘符，並大加發揮。剛開始似乎還比較規矩，如《太平經》收錄不少各種用途的「複文」（圖 30）：

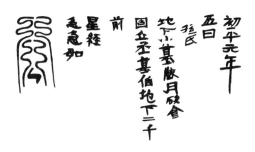

圖 30　　興上除害複文

「複文」的布局有點像古文字的合文。但是在後來的道經中，符籙的布局追求奇詭，出土物也是這樣，如漢獻帝初平元年（西元 190 年）朱書鎮墓陶瓶（圖 31），文末的符與《抱朴子》「老君入山符」中的一符最相近。

圖 31　　帶符的東漢解謫瓶

有的符籙還夾雜文字，如 1972 年陝西戶縣朱家堡漢墓出土的解謫瓶，文字最後有兩個朱書的符籙，前一符為日、月、土、斗、鬼共九個字錯落（其中「日」字五個），後一符是在兩個圖形中夾「大天一」等三行字（圖 32）。

圖 32　陝西戶縣東漢解謫瓶

1957 年在陝西長安縣三里村發現的東漢墓葬，出土陶瓶六個，器身上有朱書。其中一件瓶腹上長篇解除文已殘，文尾附有「組合式道符」。圖為北斗星圖，斗魁內書「北斗君」三字，圖下為四行朱書，作「主乳死咎鬼，主白死咎鬼，主師死咎鬼，主星死咎鬼。」再其旁為直行豎寫的符文，可惜已殘缺（圖 33）。

道經中的符籙可謂汗牛充棟，構成道教的重要特徵，不外乎使用圖畫、文字或二者的結合，以神其事。前引朱家堡解謫瓶的符籙，除了日、月、土、斗、鬼九字錯落，還有一「丫」形符號（圖 32），應當是星圖。在江蘇高郵邵家溝漢代遺址，出土有「天帝使者」封泥，還發現一塊「符籙木片」，上面就有「七星圖」，七星圖上方有「符君」二字，下方有一

行字（圖 34），難以通讀。

圖 33　陝西長安縣東漢解謫瓶

圖 34　邵家溝漢代「符籙木片」

（三）法　印

在早期宗教中，神山、神樹等等都曾經充當聯繫人間與天庭的仲介，神山如崑崙山，神樹如建木。發展到漢代的道教，出現溝通神鬼世界的信印，道經稱之為「法印」以神其事。王育成分析說，道教法印濫觴於西漢[6]。據《史記‧孝武本紀》，武帝寵信方術士欒大，拜為五利將軍，欒大甚至尚公主（「尚」是高攀王室的專用名詞）。欒大向武帝提出溝通神仙的條件，其中最重要的一條便是「使各佩其信印，乃可使通言於神人」，欒大的要求得到滿足，得四金印，佩天士將軍、地士將軍、大通將軍、天道將軍印。天子又刻玉印曰「天道將軍」，遣使衣羽衣，夜晚站在白茅上，五利將軍穿的也是羽衣，立白茅上受印，以示不臣。佩「天道」者，且為天子道天神也。以專橫著稱的武帝，居然可以允許有人不臣服於他，而把欒大作為另一個世界的使者看待。

再如，王莽代漢，派遣五威將王奇等十二人頒布符命四十二篇於天下。其中講德祥的五事，講符命的二十五事，講福應的十二事，共四十二篇。五威將乘〈乾〉文車，駕〈坤〉六馬，背負鷖鳥之毛，服飾十分豪華。每一將各置左、右、前、後、中帥，共五帥。衣冠車服駕馬，與方位的五行之色

---

[6]　參見：王育成，〈道教法印考實〉，《中國社會科學院歷史研究所學刊》第一輯，北京：社會科學文獻出版社，2001 年。

對應（如中帥的顏色是黃色）。五威將持節，稱「太一之使」；
五帥持幢，稱「五帝之使」。太一之使、五帝之使後來也是被
道教沿用的。

　　王育成將漢代道教法印實物分為四類。第一是黃神類，
其具體名稱為「中黃□」、「黃神」、「黃神之印」、「黃神使者
印章」、「黃神越章」（圖35-1），目前共知二十二方。第二是
天帝類，其具體印名為「天帝之印」、「天帝殺鬼」、「天帝殺
鬼之印」、「天帝使者」、「天帝使通天」、「天帝神師」，目前共
知十五方。第三是前述兩種法印合二為一的混合類型印，即
黃神與天帝合用，印文目前僅知一種，即「黃神越章天帝神
之印」（圖35-2），已知六方。第四類比較散雜，名稱分別是
「高皇上帝之印」、「皇天上帝制萬神章」（圖35-3）、「大山
武帝之印」、「天閭四通」、「天乙北辰章」、「天符地節之印」、
「郭北十亭天嚴煞鬼章」、「北斗陰通天丞章」，共九方。

1　　　　　　2　　　　　　3

圖35　道教法印

　　王育成說的第四類印，印文含山名（大山，即泰山）、星
名（北辰、北斗），山和星辰很早就是受崇拜的對象。王莽上
臺後，親自到南郊鑄作威斗。這是仿照北斗星的形狀，用五
色藥石及銅為之，目的是「厭勝眾兵」。厭勝是典型的巫術，
完全被道教繼承。

　　1970 年在陝西寶雞市五里廟發現的漢靈帝光和年間鎮
墓瓶，出現「黃神北斗」之語。發掘者認為「黃神」即黃帝❼，
有的研究者推測黃神或許是天帝之孫的泰山神❽。寶雞鏟車
廠漢墓 M1 出土的兩件朱書陶瓶，發掘者稱為「解殃瓶」（圖
36），也是「黃神北斗」連稱❾。

---

❼　參見：王光永，〈寶雞市漢墓發現光和與永元年間朱書陶器〉，北京：
　　《文物》，1981 年第 3 期。

❽　參見：吳榮曾，〈鎮墓文中所見到的東漢道巫關係〉，北京：《文物》，
　　1981 年第 3 期，收入《古史考》第八卷，海口：海南出版社，2003
　　年。

❾　黃帝最初是後人追述的氏族部落首領，時代大致在神守時代（相當
　　於新石器時代）末期，到戰國時一躍而為各族的祖先和文明的創造
　　者，戰國、漢初，「黃」與「老」結合，代表一種清淨無為的哲學
　　思想和統治藝術。黃老之學在東漢發生質變，「黃」成為無所不能
　　的神靈，「老」成為道教的教主。「黃神」在如此眾多的鎮墓文和法
　　印中出現，無疑可以順理成章地解釋為「黃帝」。東漢的「妖賊」
　　「盜賊」起事，其首領愛自稱「黃帝」或「皇帝」。

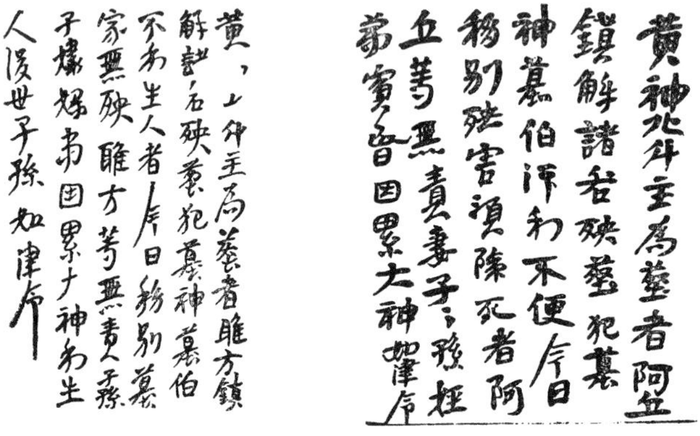

黃，山神主為藝者雕方鎮　　　　黃神北斗主為藝者阿丘
解郵石殃養犯墓神墓伯　　　　鎮解諸咎殃墓犯墓
不犯生人者序日務別墓　　　　神墓伯郵和不便今日
家無殃雕方若無責叠　　　　移別殃害須陳死者阿
子爐娇東回累大神无生　　　　丘無責妻子孫挺
人後世子孫如律令　　　　　　蒿實音回累大神擇序

1　　　　　　　　　　2

圖 36　　寶雞鏟車廠漢墓「解殃瓶」

（四）房中術

在神守時代（新石器時代），出現了許多以人本身為内容的藝術品，如裴李崗前仰韶文化遺址出土有陶塑人頭，北首嶺下層文化遺址出土有陶塑人像，但這還是人形藝術的篳路藍縷的時期。以人本身為物件的藝術品的核心是與人類種族的繁衍相關的，如五千年前的遼寧喀左東山嘴紅山文化遺址也出土有陶塑裸體孕婦像。在陝西扶風案板有同樣的發現❿。

---

❿　參見：西北大學文博學院考古專業，〈陝西扶風案板遺址第五次發掘〉，北京：《考古》，1992 年第 11 期。

青海大通後子河出土的一件馬家窯文化馬家窯類型黃陶甕
（殘），腹部浮雕明顯表示裸體女性的生殖器官❶。在甘南卓
尼芭兒寺窪文化遺址發現女陰石雕（圖37）。

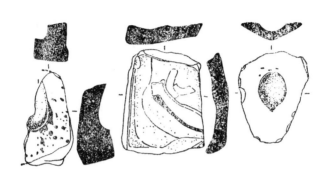

圖 37　芭兒女陰石雕

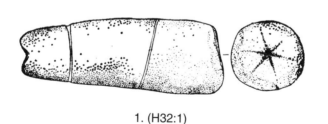

1. (H32:1)

2. (H32:2)　　　　圖 38　水泉第三期文化陶祖

---

❶　參見：楊曉能，〈中國原始社會藝術概述〉，北京：《文物》，1989 年
　　第 3 期。

作為女性性別特徵的乳房和生殖器在考古實物中已有淋漓盡致的體現，同樣，作為男性性別特徵的生殖器也有表現。河南郟縣水泉裴李崗文化遺址出土有兩件陶祖。圖 38-1 較大，陶質較粗，紅褐色，長約 10.3cm(H32:1)。圖 38-2 為泥質褐陶，長約 7.2cm(H32:2)。該遺址經碳十四測定的兩個資料分別為距今七千二百七十前後一百二十年（西元前5320±120 年）和距今七千一百六十前後一百一十年（西元前5210±110 年）⓬，這說明陶祖的出現相當久遠。

最具象的陶祖似乎要數陝西寶雞福臨堡仰韶文化陶祖，是捏塑於盆、缽一類器物的內壁，體圓柱形，前端戳有圓孔，下邊兩側各附有一個睪丸。河南汝州洪山廟遺址，以出土一百三十六件甕棺為特色，是我國目前發現的時代最早、規模最大的甕棺合葬墓。墓內多數甕棺上都有大幅彩繪圖案，這在仰韶文化中十分罕見。甕棺上一般都繪有彩繪圖案或堆塑人物和動物的繪畫，有四幅是表現男性生殖器的題材。汝州除洪山廟外，在北劉莊、中山寨也發現陶祖。淅川下王崗龍山文化層出土陶祖三件。在中南地區，早在五十年代發掘湖北京山屈家嶺遺址時，就出土了屬於早期文化的陶祖一件。湖北省天門市肖家屋脊出土有石家河早期文化陶祖。甘肅臨洮馬家窯遺址馬家窯文化陶器，高 3.7cm。總之，在大江南北，都有陶祖發現。

⓬　參見：中國社會科學院考古研究所河南一隊，〈河南郟縣水泉裴李崗文化遺址〉，北京：《考古學報》，1995 年第 1 期。

　　除陶祖外，還有石祖，如寶雞福臨堡遺址。又如江蘇邳縣大墩子大汶口文化早期遺址 M348:2 出土的石器，圓柱形，側面有四條刻線，莖部橫剖面圓形，頭部尖鈍圓形，上有扁圓形口，下有折線，底部頭部尖圓，莖部有四條凹槽，上刻圓圈，長 6.6cm、寬 4.1cm、厚 3.6cm。內蒙古伊金霍洛旗朱開溝四段，相當夏代晚期。出土的石祖，前頭作男性生殖器狀，莖部斷去一部分，橫剖面橢圓形，殘長 7.4cm、徑 1.2cm**⓭**。

　　在中國的石器時代，男女兩性嚴重失衡，但沒有證據顯示，這種失衡是由於男性對女性的爭奪和占有所引起的，爭奪性目標的鬥爭是與階級社會相伴而生的。由於階級社會是男人掌權，爭奪性目標的鬥爭主要表現為男人爭奪女人。就中國而論，這種鬥爭是從夏代開始的。夏代末代之君桀以霸占女人著稱，《管子》一書竟說桀擁有女樂達三萬人！商代的末代之君紂是與桀齊名的昏君，也是唯淫樂是務。東漢周舉對漢順帝說：「昔武王入殷，出傾宮之女。」**⓮**新興的西周王朝通過釋放被商王霸占的婦女，獲取民心。西周最後一個天子幽王也是桀、紂一類的貨色。桀寵幸妹喜，紂寵幸妲己，幽王寵幸褒姒而亡西周。

　　上有所好，下必甚焉。特別是到了東周，禮崩樂壞，享樂之風盛行，女人是最大的受害者。「春秋五霸」之首霸齊桓

⓭　參見：吳銳，《中國思想的起源》第三卷，濟南：山東教育出版社，2003 年，第 1283–1291 頁。

⓮　參見：范曄，《後漢書·左周黃列傳》。

公第一次迎接管仲，向管仲請教治國之道，坦率地承認齊國以往的國君「唯女是從」。《墨子‧辭過》描述戰國國君瘋狂霸占女子的情況是：「當今之君，其蓄私也，大國拘女累千，小國累百，是以天下之男多寡無妻。」這真是一針見血！隨著戰國時代經濟的繁榮，人們的消費欲望日益高漲，也包括性消費。據《史記‧蘇秦列傳》，易王母，即文侯夫人，與蘇秦私通，「燕王知之而事之加厚」，真令人瞠目結舌。《史記‧滑稽列傳》載齊國的贅婿淳于髡的話：

> 若乃州、閭之會，男、女雜坐，行酒稽留，六博、投壺，相引為曹，握手無罰，目眙不禁，前有墮珥，後有遺簪，髡竊樂此，飲可八斗而醉二參。日暮酒闌，合尊促坐，男女同席，履舄交錯，杯盤狼籍，堂上燭滅，主人留髡而送客，羅襦襟解，微聞薌澤，當此之時，髡心最歡，能飲一石。故曰酒極則亂。

完全是一派及時行樂的景象。《商君書》「令壯女為一軍」，而《墾令》乃云「令軍市中無有女子」，顧頡剛推測是指軍妓，故下云「命其商」，明商人以女子為營業之具也❺。可見當時已有意識地解決軍人的性問題。

權貴們霸占大量女人已成事實，儒家經典不僅承認了這

---

❺　參見：顧洪編，《顧頡剛讀書筆記》第七卷（上），臺北：聯經出版事業公司，1990年，第5194頁。

種占有，如《禮記‧曲禮下》說：「天子有后，有夫人，有世婦，有嬪，有妾」，而且還變本加厲地規定天子后立六宮，三夫人、九嬪、二十七世婦、八十一御妻。到了漢代，經學被奉為官學，經師們不僅全盤接受了《禮記》、《周禮》等書的說法，而且還挖空心思尋找這種制度的理論依據，如《白虎通》第十卷《嫁娶》。圍繞爭奪性目標的鬥爭，美人計應運而生，並大行其道，史不絕書。性技巧得到專門研究和傳播，最直接的證據如湖南長沙馬王堆漢墓帛書中有數種房中書。馬王堆墓葬的年代本來就早在漢初，這類著作的寫作年代完全有可能早到戰國。最高統治者無疑是房中術的最大需求者，史載王莽「日與方士涿郡昭君等於後宮考驗方術，縱淫樂焉。」❶❻曹操喜歡養性法，亦解方藥。他大量召引方術之士，左慈、華佗、甘始、郤儉無不畢至，其中甘始善御婦人之術。現存《道藏》中的房中術內容之多，可以說駭人聽聞，稱得上集大成。

---

❶❻　參見：班固，《漢書‧王莽傳》。

本章圖片來源

圖 26　王光永，〈寶雞市漢墓發現光和與永元年間朱書陶器〉，收錄於
　　　《文物》1981 年第 3 期，第 55 頁圖 8。

圖 27　王光永，〈寶雞市漢墓發現光和與永元年間朱書陶器〉，《文物》
　　　1981 年第 3 期，第 53 頁圖 3、54 頁圖 5。

圖 28-1　郭寶鈞等，〈一九五四年春洛陽西郊發掘報告〉，收錄於《考古
　　　學報》1956 年第 2 期，第 24 頁圖 21。

圖 28-2　唐金裕，〈漢初平四年王氏朱書陶瓶〉，收錄於《文物》1980 年
　　　第 1 期，第 95 頁圖 1。

圖 29　洛陽博物館，〈洛陽東漢光和二年王當墓發掘簡報〉，收錄於《文
　　　物》1980 年第 6 期，第 54 頁圖 5。

圖 30　王明，《太平經合校》，中華書局，1979 年，第 473 頁。

圖 31　高大倫、賈麥明，〈漢初平元年朱書鎮墓陶瓶〉，收錄於《文物》
　　　1987 年第 6 期，第 72 頁圖 3。

圖 32　禚振西，〈陝西戶縣的兩座漢墓〉，收錄於《考古與文物》1980 年
　　　第 1 期，第 47 頁圖 6。

圖 33　王育成，〈略論考古發現的早期道符〉，收錄於《考古》1998 年
　　　第 1 期，第 77 頁圖 4。

圖 34　江蘇省文物管理委員會，〈江蘇高郵邵家溝漢代遺址的清理〉，收
　　　錄於《考古》1960 年第 10 期，第 21 頁圖 6。

圖 35　《中國社會科學院歷史研究所學刊》第一輯，第 436 頁圖 1 之
　　　10、438 頁圖 3 之 1、439 頁圖 4 之 3。

圖 36　寶雞市博物館,〈寶雞市鏟車廠漢墓——兼談 M1 出土的行楷朱書陶瓶〉, 收錄於《文物》1981 年第 3 期, 第 48 頁圖 5、圖 6。

圖 37　甘南藏族自治州博物館,〈甘南卓尼苊兒遺址試掘簡報〉, 收錄於《考古》1994 年第 1 期, 第 20 頁圖 7。

圖 38　中國社會科學院考古研究所河南一隊,〈河南郟縣水泉裴李崗文化遺址〉, 收錄於《考古學報》1995 年第 1 期, 第 70 頁圖 29。

第七章

將《老子》納入道教經典：
道教的英明決策

司馬遷寫《老子韓非列傳》時，說老子在周王室當了很久的史官，看見周室衰敝，就離開了，「至關」這個「關」，後世多解釋為老子西出函谷關，不知所終。襄楷給桓帝上書時已經提到「老子入夷狄為浮屠」的傳說，後世遂有道教徒製作《老子化胡經》。《老子韓非列傳》還留下一個話柄：「蓋老子百有六十餘歲，或言二百餘歲。以其脩道而養壽也。」這也是將老子附會為神仙的好材料。

　　一種宗教要得到大的發展，一要有教主，二要有教義，三要有經典。東漢初年維汜一派的道教組織已經發展到數百人，使用了「太師」、「將軍」等道教常用語，必然有一套教義。張修一派的「五斗米道」讓教徒誦習《老子》，必然按他們的想法解釋《老子》，傳下來的《老子想爾注》可能就是這一派的。該書尊奉老子為「太上老君」，排斥別的「偽伎」道教（「世間常偽伎稱道教，皆為大偽不可用」），以正統自居，標誌著道教進入成熟期。所謂「偽伎稱道教」，不過是以五十步笑百步，因為劉秀利用圖讖上臺，圖讖成為道家的素材。楊向奎早就指出，初期道教中的方術實多取之於圖緯，比如《乾坤鑿度》有老子之希夷，《春秋元命苞》有長生久視，《詩緯含神霧》和《孝經援神契》說太華山上有仙室，少室山有靈藥，《河圖握矩紀》述鬼神能與奪加減人命，《河圖括地象》載有三神山、崑崙山。說是干吉（又作「于吉」）所撰的《太平經》，內又明說採用「河圖洛書神文」（卷九十一）。魏伯陽的《參同契》更取緯書作名，無怪那研究易學的虞翻要給它作注❶。

（一）神書救漢的《太平經》

　　漢順帝（西元 126 年即位）時，琅邪人宮崇獻其師干吉

---

❶　參見：楊向奎，《中國古代社會與古代思想研究》上冊，上海：上海人民出版社，1962 年，第 476 頁。

於曲陽泉水上得的「神書」一百七十卷,「皆縹白素朱介青首朱目,號《太平清領書》」。內容「以陰陽五行為象,而多巫覡雜語」,不愧自稱「神書」。與經學大師鄭玄同時代的襄楷,據《後漢書》本傳,「好學博古,善天文陰陽之術」。他於延熹九年(西元 166 年)給桓帝上書,稱「臣前上琅邪宮崇受干吉神書」,此「神書」即《太平清領書》,據稱有一百七十卷,注家多謂即流傳至今的《太平經》。由於史載黃巾軍領袖張角「頗有其書」,而大陸自 1949 年以來有研究農民起義的風氣,不少人遂以《太平經》為黃巾軍的理論根據,這是很嚴重的誤解。

首先,從常識來說,《太平經》是獻給朝廷的,如果有犯上作亂的內容,獻書的宮崇、襄楷豈不自投羅網?

其次,從五德說來看,《太平經》是維護官方火德的,屬赤天;黃巾軍是要「變天」的,是要取代火德樹立黃天的。按五行說,方位於顏色的對應關係是:南方對應「赤」,東方「青」,北方「黑」,西方「白」,中央「黃」。

西漢初立,百廢待興,沿用秦朝官方的「水德」,簡直有些老牛拉破車,所以文帝時賈誼一班人就按捺不住,認為秦是水德,漢滅秦,土剋水,漢應為土德。這一主張拖到武帝時才實行。此時官方認可的五德終始之序如下:

黃帝——夏——殷——周——秦——漢
　土　　木　　金　　火　　水　　土

在此後的大約一百年的時間裏，西漢像一個病病歪歪的老人，日暮途窮，接二連三有人要求皇帝禪位於他人。同時，遠古史的譜系也在層級中整合。比如平民出身的劉邦，此時卻有了高貴的血統：

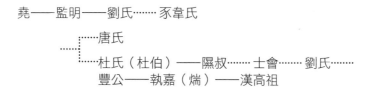

於是漢為堯後，為火德。揣摩風氣的士人也跟著目中無「秦」，認為秦朝太殘暴，國祚又短，根本不配安排在五德之內，因而主張漢朝接續周的火德。幾經周折，火德終於得到官方的認可。

取代火德的是土德，色尚黃，所謂「五德之運，黃承赤而白繼黃」。王莽篡漢，就是從樹立土德突破。王莽將自己的祖先追溯到舜，漢為堯後，堯是把天下禪讓給舜的，現在故事重演，漢朝將天下禪讓給王莽，不是順理成章嗎？因此他到處宣傳「赤世計盡」、「黃德當興」、「火德銷盡」、「土德當代」。始建國元年（西元 9 年），他遣五威將王奇等頒符命四十二篇於天下，宣稱「黃龍見於成紀」，把黃龍作為黃德的瑞應。賀昌群很早指出，從西漢末王莽意圖代漢到東漢末三國

時代，凡是想取東漢天子而代之的各方面的活動人物，都莫不依託「黃德當興」的符命讖言以為號召。東漢的最高統治者曾屢次興大獄，嚴禁這種「妖言」。所謂「妖言」，即統治者認為散布讖記符命之說，以為漢家命數已盡，欲與自己爭天下的妖妄之言，假託讖言符命為號召的農民起義，就稱為「妖賊」。黃巾農民起義以太平道為號召，亦假託符命「黃天當立」，張角起事，自稱黃天，著黃巾以為標識。永熹（嘉）元年（西元 145 年），九江「盜賊」馬勉舉事，衣黃衣，稱黃帝。三國時代，曹丕代漢，稱皇帝，亦言黃龍見於譙，故建元黃初，並引讖言：「黃家興而赤家衰」。孫權稱吳王，亦言黃龍見於鄱陽，故建元黃武，其後稱帝，又言黃龍見於武昌，改元黃龍。袁紹既敗公孫瓚，得冀、青、幽、并四州之地，志驕氣滿，耿包偷偷獻策：「赤德衰盡，袁為黃胤，當順天意。」袁紹因而有稱帝之心。袁術以袁氏出自陳，為舜之後，五行火生土，故黃當代赤德。漢為火德，王莽、袁術都自以為土德，應當代漢而興。但是劉氏既為堯後，如果能證明堯不是火德，那麼，漢就不得為赤，黃就不得承赤而興。東漢以賈逵為首的擁護漢室的儒家，曾經用很大的力量來說明堯非火德，以圖擺脫讖記的束縛，焦點就在這裏，所以《後漢書》卷三十六《賈逵傳》說賈逵「其所發明，補益實多」❷。

---

❷ 參見：賀昌群，〈東漢階級鬥爭形勢的發展與黃巾農民戰爭的歷史作用〉，《賀昌群文集》第一卷，北京：商務印書館，2003 年，第 403 頁。

　　再看《太平經》，則是堅決維護火德、赤色的，它總結說：「吾書中善者，悉使青首而丹目，何乎？吾道乃丹青之信也。青者生仁而有心，赤者太陽，天之正色也。吾道太陽仁政之道，不欲傷害。」（卷一百一十五至一百一十六）又如卷一百一十九說「火之最上者，上為天，為日月之色者。火赤與天同色，天之色赤，火亦赤，赤者迺稱神。」

　　因此，《太平經》想出培養「火氣大明」的辦法——斷金兵。卷六十五《斷金兵法》：「欲使陽氣日興，火大明，不知衰時者，但急絕由金氣，勿使其王也。金氣斷，則木氣得王，火氣大明，無衰時也。」具體來說，

　　　　人君當急絕兵，兵者，金類也，故當急絕之故也。今反時時王者賜人臣以刀兵，兵，金類也，迺帝王賜之王者。王之名為金王，金王則厭木而衰火，金王則令甲乙木行無氣，木斷乙氣，則火不明。木王則土不得生，火不明則土氣日興，地氣數動，有祅祥，故當急絕滅云。兵類勿賜金物兵類，以厭絕不祥此也。

　　為什麼「金興厭木，何故反使火衰」呢？因為：

　　　　真人欲樂知其大效，是故春從興金兵，則賊傷甲乙木行，令天青帝不悅，天赤帝大怒，丙丁巳午不順。欲報父母之怨，令使火行，多災怪變，生不祥祅害奸猾。

其法反使火治憒憒雲亂，不可乎，大咎在此也。……
天之格法，父母見賊者，子當報怨。夫報怨之家，必
聚不祥，僞佞狡猾少年能為無道者，迺能報怨為反逆
也。是故從賜金兵，厭傷木也，火治不可平也。此者，
天常格法也，不可以故人也。

因此必須採取強有力的措施：「急斷金兵，敢有持者，悉
有重罪。」這令人想起秦始皇統一六國後，將聚集起來的兵器
鑄造了十二個金人。但這並沒有阻止陳勝、吳廣等人揭竿而
起的行動。

《太平經》最重「赤」（火），其次是「青」。如卷六十九
《天讖支干相配法第一百五》：

天常讖格法，以南方固為君也。故日在南方為君也，
火在南方為君，太陽在南方為君，四時、盛夏在南方
為君，五祀、竈在南方為君，五藏、心在南方為君。
君者，法當衣赤，火之行也。是故君有變怪，常與陽
相應，非得與他行相應也。陽者日最明，為眾光之長，
故天讖常以日占君盛衰也。
……夫天法，帝王治者常當以道與德，故東方為道，
道者主生；南方為德，德者主養，故南方主養也。治
者，當象天以文化，故東方為文，龍見負之也。南方
為章，故正為文章也。章者，大明也，故文生于東，

明于南。故天文者，赤也；赤者，火也。仁與君者動
上行，日當高明，為人作法式。故木與火動者，輒上
行也，君之象也。故居東，依仁而上，其治者故當處
南。故東方為少陽，君之始生也，故日出于東方也。
南方為太陽，君之盛明也。少陽為君之家及父母，太
陽為君之身，君之位也。少陽為君之家，木為火之父
母，君以少陽為家，火稱木之子。

《老子》五千言分道經、德經，《太平經》認為帝王應該
以道與德治理天下，它所說的「道」與「德」已經與《老子》
的「道」與「德」大不相同，宗教色彩更濃了。

第三，張角奉「太平道」，研究者容易將它與《太平經》
聯繫起來。其實早在西漢成帝時，就有甘可忠造作《天官曆
包元太平經》十二卷，「太平」二字很容易激起大眾對新生活
的渴望，而漢家氣運殆盡的說法，自西漢以來在朝野已流行
了相當長的時間，那麼要得「太平」，大概非改朝換代莫屬。
自西漢董仲舒的再傳弟子眭弘勸皇帝禪讓以來，前仆後繼者，
載於史冊。作為統治者，當然更盼望天下太平❸。漢靈帝上
臺之初，竇武、陳蕃同心盡力，徵用名賢，共參政事，「天下
之士，莫不延頸想望太平」。漢獻帝初年，零陵人觀鵠自稱「平
平將軍」，寇桂陽。這也是利用民眾對太平、公平、均平世界

---

❸ 據《史記‧始皇本紀》，秦始皇自稱「悉召文學、方術士甚眾」，其
中「文學」的作用是「欲以興太平」。

的嚮往。

第四，《太平經》很賣力地為朝廷考慮邊患問題，卷四十六用專篇討論這一關係朝廷存亡的大問題，即《道無價卻夷狄法》。原來東漢建國以來，邊郡羌人和內附羌人「造反戰火燒到現在的甘肅、寧夏、陝西、山西、河南、四川、湖北的全境或部分地區。《太平經》的作者是希望得到朝廷青睞的，他宣稱自己的「道書」能使「夷狄卻降」，「八方莫不悅樂來降服，擾擾之屬者，莫不被其德化」，「得行吾書，天地更明，日月列星皆重光，光照絃遠八方，四夷見之，莫不樂來服降」。他希望夷狄「自降」，或者「卻去萬里」，或者「滅息」，希望「中國盛興」，顯然與朝廷一個鼻孔出氣。

總之，《太平經》是希望挽救漢室的「神書」。它與黃巾軍的關係，只是張角擁有《太平經》而已，但《太平經》並不是黃巾軍的理論依據。

這樣看來，熊德基1962年的觀點值得重視。他指出干吉曾經結交江東將吏，襄楷也不僅上書桓帝，後來還結交陳蕃之子陳逸及冀州刺史王芬，謀除宦官。可見這些人都是志存漢室的活動家。《太平經》實際上就是他們「假借星宿，偽託神靈」的萬言策，與黃巾等無關。熊德基還認為，《太平經》「問答體」經文出於襄楷之手，寫作期間是漢桓帝延熹八年至九年上書之前。作者動筆之初，即急急於獻上，如卷三十五中即說：「今真人以吾書付有德之君，力行之令效，立與天地相應而致太平。」以後，常見這樣的話：「以付上道德之君」

（卷六十五），「得吾書者，以付上德君也。」（卷十七）甚至說：「行去！付上德君急急！」（卷八十六）敦煌本目錄中之卷七十六且有《證上書徵驗訣》一篇。在作者這種狂熱的情緒作用下，終於在偽託神道說教中，洩露了寫作的時間：

> （真人）「今受天師嚴教深戒之後，宜何時出此止奸偽興天地道之書乎？」
>
> （天師）「乙巳而出，以付郵客。而往通之者也。」（卷一百二）

乙巳乃桓帝延熹八年（西元 165 年），為什麼在這個年頭獻書呢？熊德基分析是因桓帝於「八年春正月，遣中常侍左悺之苦縣祀老子……十一月，……侍中常侍管霸之苦縣祀老子。九年……七月……庚午，祀黃老於濯龍宮。」漢朝雖然立國以來即尚黃老之學，但皇帝祀老子於宮中，卻是前所未有的事。這一消息為襄楷所探知，所以急急寫成這部神書。

　　熊德基還將襄楷上書內容與《太平經》問答體部分，加以比較：

㈠襄楷疏先從天象證明皇帝「法無繼嗣」，「今宮女數千未聞慶育，宜修德省刑，以廣螽斯之祚。」十餘日後上書又提及「前者宮崇所獻神書……亦有興國廣嗣之術」。在《太平經》中這類的東西：「今女之妊子，陰本空虛，但陽往施化實於陰中，而陰卑賤畏陽，順而養之，不敢去也。」（卷九十三）

明是襄楷所獻廣嗣之術。

㈡襄楷上書中舉桑下三宿故事，因而說：「其守一如此，乃能
　成道。」在《太平經》中「守一」是最重要的教條。「本求
　守一（養性）之法凡三百首」（卷一百零二），「以何為初，
　以思守一，何也？一者，數之始也；一者，生之道也；一
　者，元氣所起也；一者，天之綱紀也。故使守思一，從上
　更下也。夫萬物凡事過於大，末不反本者，殊迷不解，故
　更反本也。」（卷三十七）敦煌本目錄中且有「清身守一法」、
　「守一明之法」、「守一法」等篇。

㈢襄楷疏從天人感應說，指出「咎在仁德不修，誅罰太酷」，
　列舉鄧皇后被誅，劉質成瑨等臣之被害，「憂國之臣，將遂
　杜口矣。……自陛下即位以來，頻行誅伐，梁寇孫鄧，並
　見族滅。其從坐者，又非其數。……漢興以來，未有拒諫
　誅賢用刑太深如今者也。」因建議「修德省刑」。《太平經》
　卷八十六：「今天下所畏口閉，為其不敢妄誕。……有嚴帝
　王，天下驚駭，雖去京師大遠者，裏（鈔作畏）詔書不敢
　語也；一州界有彊長吏，一州不敢語也；一郡有彊長吏，
　一郡不敢語也；一縣有剛強長吏，一縣不敢語也。……自
　太上中古以來，多失道德，反多以威武相治，威相迫脅，
　有不聽者，後會大得其害，為傷甚深，流子孫。故人民雖
　見天災怪咎駭異，其比近所屬而不敢妄言……。到下古尤
　益劇，小有欲上書言事自達於帝王者，比近持其命者輒殺
　之；不即時害傷，後會更相屬託而傷害之。故民臣悉結舌

杜口為暗，雖見愁冤暗惡，不敢上通。」甚至把那些宦官比作害蟲。「夫天地之性人為貴，蟲為至賤，反乃俱食人，是為反正。象賤人無道，以蟲食人。……所以逃匿於內者，象下共為奸，而不敢見於外。外者，陽也。陽者，天也，君也。天正帝王也。故蟲逃於內而竊食人，象無功之臣逃於內，而竊籃食人也。」（卷九十二）「故以刑治者，外恭謹而內叛，故士眾日少也。……天將興之者，取象於德；將衰敗者，取法於刑。」（卷四十四）❹

　　（襄楷上書中舉浮屠（即佛）不三宿桑下的故事，以說明「不欲久生恩愛，精之至也」。又舉天神送給浮屠美女，浮屠說：「這不過是皮口袋裏裝了些血」，看都不看。這一典故出自佛經《四十二章經》，襄楷等造作神書無疑受了佛教造作佛經的啟示。）

（二）張修創立五斗米道，張魯增飾

　　據史書記載，漢靈帝熹平年間（西元 172–177 年），「妖賊大起」，三輔有駱曜。靈帝光和年間（西元 178–183 年），東方有張角，漢中有張修。關於這三大支：
　　⑴駱曜──「駱曜教民緬匿法」。駱曜其人其法不詳。
　　⑵張角──「角為太平道」。據《後漢書·皇甫嵩傳》，

---

❹　參見：熊德基，〈《太平經》的作者和思想及其與黃中和天師道的關係〉，北京：《歷史研究》，1962 年第 4 期。

張角自稱「大賢良師」，奉事「黃老道」。這種「黃老道」無疑已經不是過去的哲學，而純粹是一種宗教；張角「奉事黃老，以妖術教授，號『太平道』」，論者多數以為即因《太平經》而來。其實現有張角與《太平經》關係的直接記載只有一條，即張角「頗有其書」。如前所述，《太平經》喋喋不休地要維護官方的「火」德，而這正是張角要推翻的。張角從《太平經》中吸收的，必然只限於非政治方面的方術，打出「太平道」，只是為了利用民眾對太平世界的渴望。

民眾嚮往太平，而頻繁的改朝換代，人們對炎漢（「火」德）失望到了極點，民間湧動一股以「土」德（顏色尚黃）的流言，這實際是一種被壓抑的政治抗議。據《後漢書·五行志》，漢靈帝熹平二年（西元 173 年）六月，首都洛陽傳言虎賁寺東壁中有黃人，圍觀者數萬人，道路為之斷絕。到中平元年（西元 184 年）二月，張角兄弟起兵冀州,「自號黃天」。漢靈帝時還出現一件怪事：江夏黃氏之母洗澡時化為黿，入於深淵。劉昭注釋說：「黃」是取代漢朝的顏色,「入於深淵」意味著水要制火。種種跡象表明：赤德（火）快銷盡了❺！史載張角畜養弟子，十餘年間，眾徒數十萬，連結郡國，自青、徐、幽、冀、荊、揚、兗、豫八州之人，莫不畢應。這必然是利用赤德銷盡、黃德當興的輿論，做了大量準備工作。為管理這一龐大的人群，張角置三十六方,「方猶將軍號也」，

---

❺ 《後漢書》記漢安帝小時候「數有神光照室，又有赤蛇纏於床第之間」，暗示他將來要當皇帝，繼承漢朝的赤德。

大方萬餘人，小方六七千人，各立渠帥。他們宣傳「蒼天已
死，黃天當立，歲在甲子，天下大吉。」起義軍都著黃巾為標
識，時人謂之「黃巾」。胡守為力主黃巾起義口號中的「黃天」
實指黃色巾服，並非指黃神。《廣弘明集》卷八釋道安《二教
論・服法非老第九》曰：「（張）魯既得漢中，遂殺張修而併
其眾焉，於漢為逆賊，戴黃巾，服黃布揭（褐）。……而張角、
張魯等本因鬼言漢末黃衣當王，於是始服之，曹操受命，以
黃代赤，黃巾之賊至是始平。」同書同卷道宣的《敘周武帝集
道俗議天佛法事》也說：「帝（周高祖）以得志天下，無所慮
也。然信任讖緯，偏以為心。自古相傳，黑者得也。謂黑相
當得天下，猶如漢末訛言黃衣當王，以代赤運之像。」道安明
言張角、張魯以黃為服色，是為了應「黃衣當王」的讖言，
這與道宣所說「漢末訛言黃衣當王，以代赤運之像」意思是
一樣的，他們所說當有根據，黃天並非黃神之意甚明。張角、
張魯以黃色衣巾應讖言，是藉助道士有穿黃衣的習慣而為的。
《太平御覽》卷六百六十三道部五地仙條引劉向《列仙傳》
云：「有稷丘公者，太山下道士也。漢武帝東巡狩至泰山，稷
丘公乃冠章甫衣黃擁琴來迎。」同書卷六百七十五道部十七引
《升玄經》云：「仙人定子明著黃褐玄巾」。黃衣似為道士常
用的服色，但非特定的服色。定子明身著黃褐頭戴玄巾，更
與張角之黃巾不同；玄乃青色，自不會應「蒼天已死」的讖
語。道教以黃衣、黃巾為服色，實由於張角、張魯等為了適
應東漢末年流行的讖言而發。《法苑珠林》卷六十九《破邪篇・

妄傳邪教第三》云:「又李聃事周之辰,服同儒墨,公旗(張魯)謀漢之日,始有黃巾。」便指出黃巾是起義時為了代漢才創制的。故道安在《二教論》中亦指出:「黃巾布衣出自張魯」。《晉書·輿服志》云:「巾以葛為之,形如帢而橫著之,古尊卑共服也。故漢末妖賊以黃為巾,世謂黃巾賊。」這裏特別申明東漢末起義軍以黃為巾,也包含著是他所創制之意,其目的就是為了迎合以黃代赤的讖言。還可以引甄鸞《笑道論》所引道象的《自然經》佐證:「道士巾褐帳法,褐長三丈六尺,三百六十寸,法年三十六旬,年有三百六十日,一身兩角,角各有六條,兩袖,袖各六條,合二十四條,法二十四氣,二帶法陰陽,中兩角法兩儀,乃至冠法,蓮華巾也。《自然經》既有科律,何以不依?乃法張魯黃巾之服,違律而無識也。」甄鸞責罵道士背離道教經典所規定的服色,而從張魯黃巾之服,可見張魯黃巾確因與漢朝對立而生,不惜改變傳統的服飾❻。胡守為所言我認為是正確的,可以這樣修正:黃巾應「黃天」,「黃天」應黃色,黃色應土德。回過頭來看東漢「妖賊」起事(本書第五章):

沖帝時馬勉稱黃帝

---

❻ 參見:胡守為,〈黃巾起義口號中的「黃天」涵義〉,北京:《中國史研究》,1988 年第 1 期,後收入《古史考》第八卷,海口:海南出版社,2003 年。

桓帝時 {
李堅自稱皇帝
陳景自號皇帝子
裴優自稱皇帝
蓋登稱太上皇帝
戴異稱太上皇
}

「皇帝」應該等於「黃帝」，而且這裏的「黃帝」似乎不應解釋為「炎黃子孫」之黃帝，而應該是得黃德的帝。質帝時華孟自稱黑帝，應該指得水德的帝。

(3)張修——「修為五斗米道」。巴郡「巫人」張修給人治病，病癒者送以米五斗，號為「五斗米師」。他的教派也因此叫「五斗米道」，被朝廷視為「米賊」。據正統史書記載，張角的太平道和張修的五斗米道大同小異：「太平道者，師持九節杖為符祝，教病人叩頭思過，因以符水飲之，得病或日淺而愈者，則云此人通道，其或不愈，則為不通道。修法略與角同，加施靜室，使病者處其中思過。又使人為奸令祭酒，祭酒主以《老子》五千文，使都習，號為奸令。為鬼吏，主為病者請禱。請禱之法，書病人姓名，說服罪之意。作三通，其一上之天，著山上，其一埋之地，其一沉之水，謂之『三官手書』。使病者家出米五斗以為常，故號『五斗米師』。實無益於治病，但為淫妄。然小人昏愚，競共事之。」張角用符水治病是古老的巫術，也是心理療法。張修讓病人思過，可能有一套原罪理論❼。所謂「主以《老子》五千文」，想必就

❼ 《太平經》已出現「承負」一詞。道教的「承負說」宣稱：一個人

是流傳至今的《老子想爾注》,《老子》原本是講高深哲學的,
張修創教,必然要將它往宗教上引,引導的辦法必然是採取
舊瓶裝新酒的辦法,具體的手段重新解釋《老子》文本。選
擇《老子》作解釋的底本十分高明,因為:

　　第一,老子其人地位崇高,連孔子都向他請教,當教主
的分量很足。而孔子呢,西漢末年的讖緯千方百計把他塑造
成教主,孔子在儒家乃至中國正統文化中的地位,形同教主,
但畢竟不是教主。儒家在中國文化中發揮了宗教的作用,但
畢竟不是宗教。

　　第二,司馬遷寫《老子韓非列傳》時,說老子在周王室
當了很久的史官,看見周室衰敝,就離開了,「至關」這個「關」,
後世多解釋為老子西出函谷關,不知所終。襄楷給桓帝上書
時已經提到「老子入夷狄為浮屠」的傳說,後世遂有道教徒
製作《老子化胡經》。《老子韓非列傳》還留下一個話柄:「蓋
老子百有六十餘歲,或言二百餘歲。以其脩道而養壽也。」這
也是將老子附會為神仙的好材料。

　　第三,《老子》其書奧妙無窮,置之世界哲學之林無愧色,
可以支撐道教的形而上框架,《老子韓非列傳》最後總結說:
「李耳無為自化,清靜自正。」如《老子》鼓吹道法自然,鼓
吹無為,鼓吹以柔克剛,正是道教需要的。《史記》提到一個
河上丈人,是「學黃帝、老子」的樂臣公的老師,想必屬戰
國時代。大約在東漢中後期,出現託名於他的《老子道德經

做了壞事,即使不殃及他本人,而可能殃及他的兒子甚至孫子。

河上公章句》。「其主要內容是以漢代流行的黃老學派無為治國、清靜養生的觀點解釋《老子》經文。」❽饒宗頤經過比較，認為張陵（或張魯）作的《老子想爾注》，部分取自《老子道德經河上公章句》❾。這說明戰國、兩漢以來，風行對《老子》進行再解釋❿。

第四，《老子》書有的好似隱語，可解釋性強。如：

《老子》第六章：「谷神不死，是謂玄牝。」《想爾》本將「谷」解釋為情欲，將「牝」解釋為地，象徵女性。整句話被解釋為男人應該節制情欲：「精結為神，欲令神不死，當結精自守。……男欲結精，心當像地似女，勿為事先。」

《老子》第六章：「綿綿若存」。《想爾》本將「綿綿」解釋為微少，認為「陰陽之道，以若結精為生」，為了種的繁衍，人類需要合精產子。上德之人，志操堅強，能不戀結產生，少時便絕。

《老子》第九章：「持而滿之，不若其已，揣而梲之，不可長保。」《想爾注》：「道教人結精成神，今世間偽伎詐稱道，託黃帝、玄女、龔子、容成之文，相教從女不施。思還精補腦，心神不一，失其所守，為揣悅，不可長寶。」

---

❽　參見：王卡點校，《老子道德經河上公章句》，北京：中華書局，1993年，前言，第8頁。

❾　參見：饒宗頤，《老子想爾注校證》，上海：上海古籍出版社，1991年，第82頁。

❿　在這種風氣中，署名西漢嚴遵的《老子指歸》正好承上啟下。

《老子》第十五章：「古之善為士者」之士，也被《想爾》本解釋為「仙士」。甚至把第二十章「我魄未兆，若嬰兒未孩，魆無所歸」的「我」也解釋為「仙士」。又如「百姓謂我自然」。

《老子》第二十章：「我欲異於人，而貴食母。」《想爾注》：「仙士與俗人異，不貴榮祿財寶，但貴食母。食母者，身也，於內為胃，主五藏氣。俗人食穀，穀絕便死。仙士有穀食之，無則食氣。」

《老子》第二十八章：「知其白，守其黑，為天下式。」《想爾注》：「精白與元炁同色，黑太陰中也。於人在腎，精藏之，安如不用為守黑，天下常法式也。」

《老子》第二十八章：「其不得已」。《想爾注》：「國不可一日無君。五帝精生，河雒著名；七宿精見，五緯合同。明受天任而令為之，其不得已耳，非天下所任，不可妄庶幾也。」

甚至為了遷就教義，不惜篡改《老子》原文，如《老子》第七章：「非以其無私邪？故能成其私。」《想爾》本作「以其無屍，故能成其屍」，把「私」篡改為「屍」，注云：「不知長生之道。身皆屍行耳，非道所行，悉屍行也。道人所以得仙壽者，不行屍行，與俗別異，故能成其屍，令為仙士也。」這顯然是想附會屍解成仙。

老子在漢初因官方的黃老之學而得到神化，漢桓帝兩次派人到苦縣（相傳是老子的出生地）祭祀老子，又在皇宮祭祀黃老。襄楷上書桓帝，推薦《太平經》，《太平經》一開始就出現一位地位高得嚇人的神：長生大主號太平真正太一妙

氣、皇天上清金闕後聖九玄帝君。他因出生於李谷而姓李，
是高上太之冑，玉皇虛無之胤。這位李君想必指老子，相傳
老子姓李。《太平經》內容繁雜，字數又多，不適合教徒日常
誦習。而言簡意賅的《老子》五千文作為首選，當之無愧。

張修後來被張魯襲殺，張魯成了漢中的山大王，「因其民
信行修業，遂增飾之。」五斗米道的傳授系統就逐漸有了張陵
——張衡——張魯祖孫三代（「三張」）一脈相承之說。《資治
通鑑》卷六十四載建安六年（西元 201 年）張魯佔據漢中，
「以鬼道教民」。他自號「師君」，用「祭酒」統治人民，政
教合一。後人習慣將五斗米道稱為「天師道」，天師道成為爾
後道教的主流。其實張魯只是「增飾」張修，張修才是五斗
米道的創始人。張魯的母親「兼挾鬼道」，她才是張魯的老師。
已知張魯增飾的：「諸祭酒皆作義舍，如今之亭傳」，「治道百
步」，「春夏禁殺」，「禁酒」。佛教徒轉述「三張術畏鬼神」曰：
「左佩太極章，右佩昆吾鐵，指日則停空，擬鬼千里血。又
造黃神越章殺鬼，朱章殺人。」到了北魏，寇謙之整肅道教，
其中之一是「除去三張偽法」，大概指房中術等違背中國人倫
理觀念的內容❶。

兩漢的知識分子主體是「儒」，兩漢的「儒」夾雜方術，
接受道教不難。在三世紀末、四世紀初，甚至出現葛洪那樣

❶　太武帝聽信了寇謙之的煽動，親自到道場接受符籙，自稱「太平真
　　君」，改元「太平真君元年」，再次顯示「太平」二字對朝野都有吸
　　引力，同時說明統治者非常希望政教合一。

標榜儒家的著名道教理論家，還出現「書聖」王羲之那樣篤信五斗米道的世家。

第八章

結　語

宗教是人類不滿足於現實空間而開拓精神空間
的果實。任何人都生活在現實空間，但人們往
往並不滿足於現實空間，而是設法與外界開展
聯繫，建構精神空間。人類在幾百萬年前的舊
石器時代就發明並使用工具，不僅大大開拓了
賴以生存的現實空間，而且給精神空間增添了
豐富的內容，這種增添活動至今沒有完結，事
實上永遠不會有終點。包括人類在內的宇宙萬
物都有各自存在的現實空間，而精神空間則是
人類所獨有的。

（一）宗教是人類不滿足於現實空間而開拓精神空間的果實。道教是繼承中國本土神守傳統而形成的宗教。

　　宗教是人類不滿足於現實空間而開拓精神空間的果實。任何人都生活在現實空間,但人們往往並不滿足於現實空間,而是設法與外界開展聯繫,建構精神空間。人類在幾百萬年前的舊石器時代就發明並使用工具,不僅大大開拓了賴以生存的現實空間,而且給精神空間增添了豐富的內容,這種增添活動至今沒有完結,事實上永遠不會有終點。包括人類在內的宇宙萬物都有各自存在的現實空間,而精神空間則是人類所獨有的。

　　包括筆者在內,對於沒有宗教體驗的人來說,要理解宗教可能有些困難。我以為之所以要理解宗教,首先是因為人類存在選擇多種生活方式的可能,不滿足於生活的現實空間而構造一個獨立的精神王國,是人類早期的共同特徵。人們想出許許多多的方法與上天溝通。最初人們認為神是可敬可親的,也是可以溝通的。基於這樣的觀念,超現實世界不僅存在,而且可以與現實世界溝通,於是產生了形形色色的與超現實世界溝通的方式。與現實空間的外部世界和超現實空間的溝通,是人類與生俱來的渴求,很容易走向宗教一途。

　　對神的共同信仰，還直接導致出神權政治。隨著政治權威的日益強化，神守領袖企圖控制宗教權威（顓頊絕地天通的神話可見），但也不能阻礙平民百姓與神溝通。這就像網際網路，如果受到管制，此路不通，則會找到別的途徑上網。王權政治擺脫神權政治雖然是大勢所趨，但神權政治和王權政治直到現在可以並存，如梵蒂岡，如伊朗。至今有的非洲國家不得動用法律來禁止用巫術詛咒傷害他人，可見神守傳統的生命力。

　　道教產生於東漢初，到張修的五斗米道已經相當成熟，距今近兩千年。它接受的神秘主義傳統更可以追溯到距今七千年的仰韶文化，將來還可能往前追溯。一言以蔽之，道教是繼承中國本土神守傳統而形成的宗教。

　　在漢代末年，距離神守時代兩千年有餘，中國思想已經有深厚的積累，我們的祖先至遲在春秋時就認識到「神，聰明正直而壹者也，依人而行」❶，接下來是諸子百家帶動的人文主義高峰。就在道教產生的前後，東漢湧現了桓譚、王充、張衡等傑出的思想家和科學家，道教的產生並沒有顯得與社會特別格格不入。在形而上領域，道教又不及佛教精緻，缺乏思辨色彩。但這些並沒有妨礙道教的流行，特別是在下層勞苦大眾中間的流行。弗洛伊德將人們對宗教的信仰歸結為一種心理癥結，對這一心理癥結的價值判斷是另外一回事，這說明宗教對許多人具有強烈的吸引力。

---

❶　參見：左丘明，《左傳·莊公三十二年》。

　　作為一種宗教，道教雖然以關注精神空間為主，但是對現實空間也不是毫無裨益。道教的一些理論和實踐，如煉丹，積累了不少科學知識。我們不能認為遠古時代的人們除了忙於巫術、宗教外，無所事事。事實上，人類經過漫長的進化，與猿分家，與自然作競爭，積累了豐富的知識，這種知識儘管不能與近代的「科學」相提並論，但起碼是「前科學」的。早在舊石器時代一開始，人類學會製造石器，而製造和使用工具應是最早的前科學知識。可以說，自舊石器時代以來至新石器時代，乃至以後的歷史時期，巫術宗教與前科學知識這兩條不同的路線同時存在，平行發展。這當然是我們作為研究者的二分法，而遠古時代的人們往往沒有這兩條路線的界限。我們今天視為幼稚荒唐的巫術，那時的人們卻是自認為「科學」的。弗雷澤認為，在人類歷史上，巫術早於宗教。日長天久，對於巫術所固有的謬誤和無效的認識，促使人類之中更富於思想的人們去尋求一種關於自然的更為真切的理論和一種更為有效地利用其資源的方法，於是出現宗教。宗教「指的是對被認為能夠指導和控制自然與人生進程的超人力量的迎合或撫慰」❷。弗雷澤稱讚巫師開始了那在以後時代由其後繼者們創造出如此輝煌而有益的成果的工作。如果說這個工作的開端是可憐的和軟弱的。那麼這一點應歸咎於那通往知識之路的無可避免的艱難，而不應歸咎於自然力或

---

❷　參見：弗雷澤，《金枝》上冊，北京：中國民間文藝出版社，1987 年，第 83、87、77 頁。

人們有意的自我欺騙❸。道教的煉丹等修煉方法，也應當這樣看❹。

（二）神守解體，傳統延續

其次，國家（社稷守）前進的步伐拋棄了神守的實體，卻留下了神守的文化傳統，例如道教的方術都可以追溯到新石器時代。神守時代的文化傳統可以說是像大江大河一樣深厚寬廣。我想以中國的「山文化」具體說明。

人類很早就在探索外部世界，在我國古代的典籍如《山海經》中，有許多上天下地的記載，如氐人之國，黃帝之孫靈恝生氐人，「是能上下於天」。有一座叫肇山的山，有個叫柏高的人，上下於此，「至於天」。還有個巫咸國，在登葆山，是群巫上下天的地方。由此可見，古人雖然認為天上人間相距甚遠，但他們猜想天上的神所過的日子與人間沒有本質上的區別，因此天上的神和地下的人也存在著溝通的辦法，最簡單的辦法之一，就是從地面上最高的崑崙山走上天去！世界各民族不僅有過山嶽崇拜，同時還模仿山嶽，大興土木。

---

❸　參見：弗雷澤，《金枝》上冊，北京：中國民間文藝出版社，1987 年，第 94–95 頁。

❹　東漢魏伯陽著《周易參同契》，此時道教已經產生。該書被後代的道教徒奉為丹經之祖。儒家諱言二教（佛教、道教），南宋大儒朱熹化名給《周易參同契》作注，可見該書影響之深之廣。

山本來是自然存在物，一旦被納入人的視野，則構成「山文化」，如眾所周知的埃及金字塔。再如西亞兩河流域一種祭神的宗教建築 Ziggurat，意為神山 (Mountain of God)，西元前 4000 年前就出現了，這樣的 Ziggurats 在兩河流域已發現數十處。亞述帝國首都亞述爾城中有大壇三座，其中最大的壇叫 E-kur-ru-ki-shár-ra，義為宇宙之山，為祭祀大地神 Enlil 之壇，壇基四方 60m×60m，發掘時殘高尚有 20m。巴比倫烏爾城的 Ziggurat，在今伊拉克境內，在烏爾第一王朝時期就開始修建，圖 39 的 Ziggurat 修建於第三王朝時期，約為西元前 2215 年，又稱「山嶽臺」，用土築成，殘址基底 65m×43m，高 20m，是古代西亞人崇拜山嶽、崇拜天體、觀測星象的塔式建築❺。此壇在新巴比倫時代（西元前 550 年）又大加改建。與烏爾觀象臺類似的薩爾貢王宮（西元前 772—前 705 年）的宮殿與觀象臺同建在一高 18m、邊長 300m 的巨大土臺上。

---

❺　參見：陳志華，《外國建築史》，北京：中國工業出版社，1962 年，第 335、337 頁。

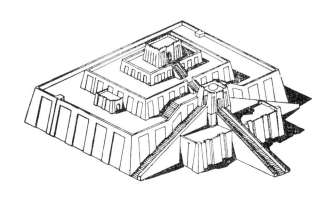

圖 39　巴比倫第三王朝重建的烏爾 ziggurat

　　在東南亞也有類似的建築。北美東部森林地區的新石器時代文化阿迪納文化，年代為西元前 1000－前 300 年，以阿迪納墓墩而得名，著名的佛吉尼亞州格雷夫克里克墩高 23m，直徑 100m。這分布於亞洲、美洲的仿山建築，表明山長期作為政治、宗教中心，留給人們深刻的記憶，以至於即使人們脫離山而生活以後，仍不忘在祭祀神靈或安葬死者的嚴肅場合，修造了許多仿山建築物。人們之所以要模仿山，無非是因為人們相信山的高聳便於與上天溝通。

　　我國的「山文化」更是獨具特色。

　　首先，在一個相當漫長的時期內，山是中國先民的居住之所，典籍中有不少記載。《墨子‧辭過》：「古之民，未知為宮室，時就陵阜而居，穴而處。」《孟子‧滕文公下》：「當堯之時，水逆行，氾濫於中國，龍蛇居之，民無所定，下者為巢，上者為營窟」。《易傳‧繫辭下》：「上古穴居而野處，後

世聖人易之以宮室。」

其次，中國自古以來就以農業立國，以山耕與旱作物為特色。

第三，遠古的政治中心就在山上。

普通老百姓既然是住在山上，統治者當然也不例外。古代字書《爾雅》解釋「林、烝」二字的意思，說是「君」。林為山林，烝即薪蒸，分明是國君曾經住在山林之中的稱呼。直到秦、漢，依然稱呼天子所居之地為「禁中」。「禁」字的意思不是禁止，它從林聲，禁者，林也。東漢許慎著名的《說文解字》云：「山，宣也。」以聲為訓，可見古音山、宣一致，宣為天子所居，周有宣榭，漢有宣室，這都是沿用古語。天子所居，所以名宣者，正因為其在山林之中而已。《尚書》首篇《堯典》與《史記・五帝本紀》都說堯在位日久，向四嶽諮詢誰可作繼承人，四嶽推舉舜，堯對舜進行了一系列考驗，據《堯典》所載，其中一項是「納於大麓，烈、風、雷、雨弗迷。」幾千年來，經師們對這幾句話有不同的解釋，關鍵在這個「麓」字。《史記・五帝本紀》在敘此事時說：「堯使舜入山林川澤，暴風雷雨，舜行不迷，堯以為聖」，太史公以「麓」為山林川澤，從西漢開始並存的一種說法是「麓」即「錄」，大概是認為若「麓」是山麓，堯把舜放在山林中去，看起來有些不近情理，清代還有人這麼認為❻。其實這並沒有什麼不近情理之處。在神守時代，最高領袖被認為是半人半神的

❻　參見：牟庭，《同文尚書》卷一，濟南：齊魯書社，1981 年。

人物，像選擇接班人這類大事，焉能不作種種考驗，以證明
受考驗者具備非凡的神性！

　　再看遠古之帝都，顓頊所居曰帝丘，虞舜所居曰蒲阪，
夏禹所居曰嵩山，商人祖先相土居商丘，商王盤庚曾說：「古
我先王將多於前功，適於山」。周之先人公劉居京，其後又逢
旱麓之地。所謂山、丘、阪、京，都是實地而非虛號。人君
恆居山上，雖然後世宮室既備，還要模仿而為之，有時直接
經營岡阜，作為中都。《說文》云：「京，人所為絕高丘也。」
《詩經》稱公劉「乃陟南岡，乃覯于京，京師之野，于時處
處，于時廬旅。」上古居橧巢，後王代之以宮室，其質文雖然
代有不同，而據山立邑則是一致的。古書還有以《三墳》、《九
丘》為書名的。章太炎已提出神權時代天子居山說，認為天
子居山，意在尊嚴神秘，而設險守固之義，是後起之意。我
們可以痛痛快快地說，統治者所在地稱「京」稱「宣室」，實
在是中國先民曾經住在山上而留給後世的歷史記憶。

　　先看京。「京」在甲骨文、金文的字形，或單個作命，或
相重作龠，確實如《爾雅》、《說文》所說，是高丘。《淮南子‧
覽冥》說戰國時戰亂不已，「攻城濫殺，覆高危安，掘墳墓，
揚人骸，大衝車，高重京。」清代考據學大師王念孫據《文子‧
上禮》作「高重壘」，認為《覽冥》「高重京」也應作「高重
壘」，其實多慮，「高重京」即層層累累地堆築高丘。西元前
597 年夏六月，楚軍大敗晉軍，潘黨建議楚莊王收拾晉軍屍
體「以為京觀」，即將晉軍屍體封土堆成闕形（「觀」）的山

（「京」）。這顯然是炫耀武功，在古代很流行，所以莊王說：
「古者明王伐不敬，取其鯢鯨而封之，以為大戮，於是乎有
京觀，以懲淫慝。」鯢鯨為大海魚，比喻首惡元兇。「京觀」
重在指山形，又可單稱「京」。《呂氏春秋・不廣》載趙軍打
敗齊軍，將敵人車二千、屍體三萬「以為二京」。《呂氏春秋・
禁塞》批評桀、紂、吳王夫差、智伯瑤、晉厲公、陳靈公、
宋康王「大為無道不義……以至於今之世，為之愈甚，故暴
骸骨無量數，為京丘若山陵。」高誘注：「戰鬥殺人，合土築
之，以為京觀，故謂之京丘，若山陵高大也。」京、丘義實相
近。

　　次看宣。《說文》：「宣，天子宣室也。」《淮南子・本經》
說武王伐紂，「殺之于宣室」，是「宣室」之名甚古。漢代依
然把天子之宮稱為「宣室」。漢文帝召見賈誼就在宣室。後人
作詩，諷刺文帝「不問蒼生問鬼神」，即指此事。《說文》：「山，
宣也，宣氣散生萬物。」《說文繫傳》卷三十四：「山所以鎮地、
出雲雨、宣地氣，故曰山，宣也。」可見山、宣不僅在居處上
一致，在思想理念上也相通。

　　古代的部落領袖除可稱為林、炎外，往往被直接稱為
「嶽」，真正是占山為王。《尚書》第一篇《堯典》云：「帝曰
咨四嶽」。《史記・五帝本紀》沿用《堯典》之文，記載堯向
四嶽詢問治水與禪讓之事，裴駰《集解》引用鄭玄的話說：
「『四嶽』，四時官，主方嶽之事。」《史記・五帝本紀》還記
載舜「類於上帝，禋於六宗，望於山川，辯於群神。揖五瑞，

擇吉月日，見四嶽諸牧，班瑞。」「諸牧」即各部落首領，這裏把「四嶽」與「諸牧」並舉，足見四嶽也是對部落首領的稱呼。《左傳·莊公二十二年》載周王室的史官預言姜姓之國必將繁榮昌盛，其依據是姜姓是太嶽的後代，而山嶽之高大足以與天相配，他說：「姜，太嶽之後也，四嶽則配天。物莫能兩大，陳衰，此其昌乎！」這裏的太嶽也就是四嶽，「四」字因與「太」字篆文相近往往互訛。他們被稱為嶽，正是由於他們的政治中心在山上。《詩經·大雅·崧高》云：「崧高維嶽，駿極于天。維嶽降神，生甫及申。維申及甫，維周之翰。四國于蕃，四方于宣。」這就是說，山嶽是王朝的誕生地，以天之高大，只有山嶽才能與之相配，而周王室的頂梁柱甫侯、申伯就是山嶽降下神靈而生下來的。《詩經·周頌·天作》甚至認為是上天造作了高山，太王開始墾闢，周文王繼承了他們的業績，希望子子孫孫永遠保持，《詩》云：「天作高山，大王荒之。彼作矣，文王康之。彼徂矣，岐有夷之行，子孫保之。」山之重要性也若此！

再看《左傳》講到當時諸侯國的地理位置，往往指明它們是傳說中某部落之「虛」，如魯是少皞之虛，衛是顓頊之虛，陳是太皞之虛，鄭是祝融之虛，齊是爽鳩氏之虛。《說文解字》云：「虛，大丘也。」可見這些部落都是以山為中心的。《史記·五帝本紀》說黃帝居於軒轅之丘，娶的是西陵之女，西陵也是山名。顓頊在各種傳說中多次出現，是一個神通廣大的神，他也住在山上。《呂氏春秋·古樂》云：「帝顓頊生自若水，

實處空桑，乃登為帝。」參照《山海經·北山經》的記載，空
桑指的就是空桑之山。「空桑」又寫作「窮桑」，傳說是顓頊
所居，在今河南濮陽附近。在空桑之山上，還有顓頊的「玄
宮」。就在這個「玄宮」，顓頊（高陽）發布命令，討伐三苗。
如果聯繫到顓頊是一位「洪淵以有謀，疏通而知事，養財以
任地，履時以象天。依鬼神以制義，治氣以教民，潔誠以祭
祀，乘龍而至四海」的大人物，空桑之山上的玄宮必然是顓
頊施政的中心場所，它稱得上是中國最古老的宮廷。

我國在夏代以前是神守林立，作為政治中心的山當然也
是宗教中心。除文獻外，很多考古發現可以說明這一點。如
遼寧喀左東山嘴紅山文化祭壇，基本上被一組石頭建築遺跡
所占滿，並組成一個有機的整體；與其相鄰的牛河梁紅山文
化遺跡所發現的女神廟、大型積石塚群和金字塔式的巨形建
築，僅夯土就達 10 萬平方公尺，還有難以計算的巨石。近幾
年來，圍繞牛河梁女神廟，又陸續發現了大型積石塚群址二
十多處，都以石壘牆，以石築基，以石封頂，尤其是金字塔
式巨型建築的發現，更令人驚歎不已。金字塔等地上部分，
其中心為人工夯起的土丘，高約 25m，直徑約 40m，外包巨
石，砌成規整的圓形，直徑近 60m。整個建築的範圍大約有
近萬平方公尺，建築結構與附近的積石塚相近。我認為最有
「山文化」特色的是南方太湖周圍的良渚文化，其中一種墓
制被考古學者稱為「高臺土塚」，個別學者稱為「貴族墳山」。
墓制形式是人工堆築高臺，將死者安葬在上面，筆者自 1995

年起，稱之為「山墳」，認為「山墳」的出現與當時當地的生活環境有關，不是專門埋葬巫師的，而是反映了貴族和平民的共同信仰。

山作為政治中心，延續了相當長的時期。《漢書·董仲舒傳》記載董仲舒的話說：「是以堯發于諸侯，舜興虖深山，非一日而顯也，蓋有漸以致之矣。」舜興於深山，結合堯納舜於大麓的記載，足見山與上古政治的密切關係。關於夏代，《左傳·昭公四年》列舉夏代重大歷史事件時說：「夏啟有鈞臺之享。」《水經·潁水注》云：「啟享神於大陵之上，即鈞臺也。」鈞臺其實也是模仿山嶽而建。《國語·魯語上》記載夏人先世禹在會稽山召開諸侯大會，防風氏遲到了，遭到禹的殺害。防風氏應當是以封嵎之山為中心的一個部落。禹召開諸侯大會的地點正在山上，與後世啟在大陵上享神一樣，都顯示了山的重要性。

神守實體大部分逐漸消亡了，它留下的習俗和思想卻是根深蒂固。例如神守時代的人們長期住在山上，盛行山嶽崇拜；到後來，人們不住山上了，山嶽崇拜也變為對「社」的祭祀。「社」即「土」，「土」字（０，◇）像圜丘形，本來是祭天的，「方」為方壇，本來是祭地的，這是古人由天圓地方說導出的禮儀。後來「土」由祭天之禮融合為祭地之禮，「土」祭天的本義被人遺忘，以為「土」一開始就是祭土地神的。

到了諸子時代，道家、儒家把對山的崇拜昇華為一種審美境界，標誌著「山文化」發生了根本的轉向。《老子》說：

「眾人熙熙，如享太牢，如春登臺。我獨泊兮其未兆，如嬰
兒之未孩。」這裏的「登臺」不再具有「薦之於天」的功能。
《莊子》一書有許多對山嶽之美的讚歎，認為山正是有道之
士返歸自然的理想場所，「山林歟，皋壤歟，使人欣欣然而樂
焉!」❼《論語‧雍也》記載了一段孔子的名言：

　　智者樂水，仁者樂山；智者動，仁者靜；智者樂，仁
　　者壽。

　　在這裏，孔子把自然現象與人的精神境界聯繫起來，闡
發了深刻的哲理。山不再是人們頂禮膜拜的對象，而是親切
可愛的審美對象。如果考慮到「仁」是孔子思想中最重要的
範疇之一，他把山與「仁」聯繫起來，更突出了山的審美價
值，彷彿使我們看到山的寬廣、穩健、沉靜正體現了「仁者
不憂」、「勇者不懼」的氣概。在此後幾千年的中國歷史中，
中國人民，特別是古代知識分子，一直保持著對山的深厚情
感，成為他們陶冶性情、激發創造力的重要源泉，也是感情
的重要寄託。在魏晉玄學興盛之時，把山川之美與人物之美
聯繫起來，是流行的清談題目。「山文化」表現在藝術領域，
則為有獨特文化背景的山水畫。清朝大畫家石濤認為山具有
「禮」、「和」、「謹」、「智」等品質：「山之拱揖也以禮，山之
徐行也以和，山之環聚也以謹，山之虛靈也以智」❽，這種

❼　參見：莊周，《莊子‧知北遊》。

對自然萬物的感情沒有走入宗教的迷狂，而是昇華為審美境界，可以說是中國文化極高明而道中庸的地方。

以上說明古代的「山文化」已有由宗教向習俗再向哲學轉化的趨勢。當然，「神山」思想依然存在。至遲從漢代開始，人們相信人死後，鬼魂都集中到泰山去，《孝經‧援神契》稱：「五嶽之精雄聖，四瀆之精仁明，河者水之伯，上應天漢。泰山，天帝孫也，主召人魂。東方萬物始成，故知人生命之長短。」《後漢書》卷九十《烏桓鮮卑列傳》記烏桓風俗：

> 俗貴兵死，斂屍以棺，有哭泣之哀，至葬則歌舞相送。肥養一犬，以彩繩纓牽，並取死者所乘馬衣物，皆燒而送之，言以屬累犬，使護死者神靈歸赤山。赤山在遼東西北數千里，如中國人死者魂神歸岱山也。

可見不同的民族有各自的神山，華夏族的神山是泰山。古人對東方有無限遐想，以為東方既是日出之所，亦為神仙所居，人死後的靈魂亦嚮往東方泰山。漢章帝就曾祭祀北嶽、南嶽，道教常見南嶽太師等名，是有來頭的。

（三）六合之外，聖人存而不論

在地質學上的第四紀才出現人類，過去有人曾把第四紀

---

❽　參見：石濤，《畫語錄‧資任章》，山東：山東畫報出版社，2007年。

(The Quaternary Period) 稱為「人生代」(Anthropozoic) 或「靈生代」(Psychozoic)，這作為突出人類在宇宙的出現，是有意義的。有了人，宇宙才活了起來；我們常說人是萬物之靈，我國的先哲如荀子早就提出「人最為天下貴」。試想，如果沒有人，世界上只剩下山川草木，即使有雞鳴犬吠，也未免太沉寂。就像《荀子·王制》所說的那樣：「水火有氣而無生，草木有生而無知，禽獸有知而無義。」人則有氣、有生、有知而且有義，所以「最為天下貴」。正因為人有氣、有生、有知而且有義，所以有思想創造，進一步把人本身與水火、草木、禽獸區別開來。後世的理學家則更說人是天地的心，據《傳習錄》載，學生問王陽明：

> 您說人心與物同體，比如我的身體原是血氣流通的，所以謂之同體。若于人便異體了，禽、獸、草、木相差更遠了，為什麼也謂之同體？

王陽明回答說：

> 你只在感應之幾上看；豈但禽、獸、草、木，雖天、地也與我同體的，鬼、神也與我同體的。人是天地的心。人為什麼叫做心？只是一個靈明。可知充天塞地中間，只有這個靈明。人只為形體自間隔了。我的靈明，便是天、地、鬼、神的主宰。天沒有我的靈明，

誰去仰他高？地沒有我的靈明，誰去俯他深？鬼、神
沒有我的靈明，誰去辨他吉、凶、災、祥？天、地、
鬼、神、萬物，離卻我的靈明，便沒有天、地、鬼、
神、萬物了；我的靈明，離卻天、地、鬼、神、萬物，
亦沒有我的靈明。如此，便是一氣流通的，如何與他
間隔得？ ❾

「靈明」是王陽明使用的重要術語，他還說過：「良知是
造化的精靈」。同書又載：

朱本思問：「人有虛靈，方有良知。若草、木、瓦、石
之類，也有良知嗎？」

王陽明回答說：

人的良知，就是草、木、瓦、石的良知。若草、木、
瓦、石無人的良知，不可以為草、木、瓦、石矣。豈
惟草、木、瓦、石為然，天、地無人的良知，亦不可
為天、地矣。蓋天、地、萬物與人原是一體，其發竅
之最精處，是人心一點靈明，風、雨、露、雷、日、
月、星、辰、禽、獸、草、木、山、川、土、石，與

---

❾　參見：王陽明，《王陽明全集》，上海：上海古籍出版社，1992 年，
第 124 頁。

人原只一體。故五穀、禽獸之類皆可以養人，藥石之類皆可以療疾，只為同此一氣，故能相通耳。❿

「靈明」和「良知」是王陽明創造的精神空間，無法用「科學」來證明。

當猿人製作第一塊石器時，我們可以說他們就在創造「文明」，也應當有了某種思想，這可以說是先民的「靈明」。「靈明」曾被當作唯心主義大批特批，因為按照唯物主義和唯心主義鬥爭的「黨性」原則，任何渺小的唯物主義者也比任何著名的唯心主義者偉大。大陸在很長一個時期，說某人是唯心主義，等於說他落後反動，甚至是反革命。其實對於宗教沒有必要充當糾察隊，即使宗教徒大放厥詞、胡言亂語，因為他們本來就不是說給現實空間的人聽的。《莊子·齊物論》說得真好：「六合之外，聖人存而不論；六合之內，聖人論而不議。」宗教實在是六合之外的東西，現實空間的人可以對它存而不論。同理，宗教也不要僭越精神空間的範圍，像基督教，至今在依據《聖經》向大眾灌輸上帝用六天創造世界的「天話」，與進化論爭奪解釋權，這是極不明智的，也是註定要失敗的。

人類的活動不可能脫離空間。精神空間不一定都是「超現實」的，雖然古今中外的宗教家、哲學家對超現實的精神

❿　參見：王陽明，《王陽明全集》，上海：上海古籍出版社，1992 年，第 107 頁。

空間津津樂道。隨著精神空間的多樣化，並不是所有人都選擇宗教，但選擇宗教作為主要精神空間的個體沒有斷絕，不少人甚至冒著生命危險這樣做。現在，絕大多數國家都把保護宗教信仰自由寫入憲法，但在一些國家還只是寫在紙上做做樣子，對於幾十億之眾的人類來說，要取得宗教自由還有漫長而危險的道路。

本章圖片來源

圖 39　陳志華，《外國建築史》，北京：中國工業出版社，1962 年，第335、337 頁。

◎ 茅山道教上清宗　鍾國發／著

　　不了解上清宗，就不能真正了解茅山道教；不了解茅山道教，就不能真正了解中國道教。本書深入淺出地描述以神仙理想和道教活動為主線的歷代茅山文化風貌及其演進，以及仙山形勝、宮觀格局、隱居心態、存想體驗、動天福地、山中宰相、丹鼎爐火、符籙印劍、宗師統系、教門盛衰等諸多趣聞，並對道教史上的一些疑難問題提出個人見解，可謂雅俗共賞。

◎ 中國民間信仰與道教　劉仲宇／著

　　中國傳統文化中，儒釋道號稱三教，是中國文化的主要支柱。說支柱，同時也就意味著它們不能囊括全部的中國文化。在民間，還有每日每時在日常生活中大量重現的俗文化。民間信仰即俗文化的一部分，對它的了解，是理解民眾精神生活的重要途徑，本書詳述中國民間信仰與道教的互動與發展，使讀者能更加理解鮮活的中國文化。

◎ 上帝──儒教的至上神　李　申／著

　　如今的中國人提起上帝，就認為那是基督教的神；很少人知道，上帝本來是中國人的神，更具體的說，是儒教的至上神。雖然大多數人仍然認為儒教不是宗教，但「儒教是宗教」的說法已經得到越來越多的理解和認同。本書介紹儒教至上神的產生、發展及相關事件，對長期習慣於「儒教不是宗教」的學者和一般大眾，本書的內容都是新的知識觀點。

◎ 靜心之教與養生之道　李似珍／著

　　本書結合養生功法與靜心教義，展開道教思想的探討。除了道教理論、歷史演變的論述，本書特別凸顯長期在身心方面的實踐對修道者的提升部分，涉及的內容有：靜修方法、內丹術、導引術、內家拳及雜修功法等，還有道德層面、科儀齋戒的調攝方法，以及服食、辟穀、外丹、房中術等獨特的養生修煉方法。

◎ 道教的信仰與思想　孫亦平／著

　　道教是以「得道成仙」為基本信仰的中國傳統宗教，它從天人關係一體同源的思路出發，以「道」為本，追尋生命無限存在的可能性，表達了中華民族的生存智慧和生活經驗。本書以道教在中國社會中的歷史發展為經，以其信仰、思想、仙學、倫理觀、社會觀和科技成就為緯，詳實且生動地對道教文化的內涵作了深入淺出的闡釋，將道教信仰與思想的特徵展現在讀者眼前。